Le pouvoir des coïncidences

DAVID RICHO
AUX ÉDITIONS PAYOT

Les cinq choses qu'on ne peut pas changer dans la vie
Être adulte en amour : savoir ce que l'on veut, être bienveillant
Être adulte : les clés
Le Pouvoir des coïncidences

David Richo

Le pouvoir des coïncidences

Traduit de l'anglais (États-Unis)
par Françoise Bouillot

Petite Bibliothèque Payot

Retrouvez l'ensemble des parutions
des Éditions Payot & Rivages sur

payot-rivages.fr

TITRE ORIGINAL :
The Power of Coincidence

« Comme le clair de lune dort doucement sur ce banc ! Venons nous y asseoir, et que les sons de la musique glissent jusqu'à nos oreilles ! Le calme, le silence et la nuit conviennent aux accents de la suave harmonie. Assieds-toi, Jessica. Vois comme le parquet du ciel est partout incrusté de disques d'or lumineux. De tous ces globes que tu contemples, il n'est pas jusqu'au plus petit qui, dans son mouvement, ne chante comme un ange, en perpétuel accord avec les chérubins aux jeunes yeux ! Une harmonie pareille existe dans les âmes immortelles ; mais tant que cette argile périssable la couvre de son vêtement grossier, nous ne pouvons l'entendre. »

William SHAKESPEARE,
Le Marchand de Venise

INTRODUCTION

« La minute même t'invite à prêter l'oreille. »
William SHAKESPEARE,
La Tempête

Il arrive qu'une série de correspondances inhabituelles ou d'événements similaires ne forment pas une pure coïncidence, mais une coïncidence signifiante. Cette synchronicité est parfois ce que nous attendions pour nous pousser à des changements et des éveils auxquels nous sommes prêts.

Les moments synchrones nous disent d'être attentifs à ce qui se produit, ou va se produire sous peu, dans notre parcours. De ce point de vue, les pires épreuves de la vie peuvent se révéler des transitions pleines de grâce, et les ruptures être des étapes.

À ce moment, nous comprenons que les gens, les lieux et les événements nous montrent ce que nous avons besoin de savoir, et la direction que nous sommes prêts à emprunter. Chaque être et chaque chose dans notre histoire vient s'insérer dans le façonnement et la mise en place de notre vie, et nous n'avons plus rien à craindre. Nous sommes alors attentifs à notre destinée et nous y adhérons délibérément au lieu de lui résister, de nous plaindre, ou de grommeler sur notre sort.

Si tout dans notre vie se déroulait strictement selon nos plans, qu'ils soient raisonnables ou non, grandioses ou modestes, nous passerions à côté de beaucoup de surprises. Nous ne verrions pas ces nouvelles portes qui s'ouvrent à des relations qui nous font grandir et nous modèlent en œuvres d'art. Notre vie, programmée par notre esprit prudent, ne connaîtrait pas tous ces détours et ces voies tortueuses qui nous conduisent à libérer notre énergie créatrice, ni ces épreuves qui font de nous des gens vraiment extraordinaires.

Parfois, tout se déroule dans notre vie exactement comme nous l'avions prévu. Puis nous rencontrons quelqu'un, nous découvrons quelque chose, nous avons un accident ou nous touchons le fond et notre monde pivote dans une nouvelle direction qui fera à l'arrivée toute la différence. Ces événements inattendus et hors de notre contrôle sont les forces de la synchronicité qui font de nous ce que nous sommes – et ce que nous devions être depuis toujours.

La synchronicité est un rendez-vous stupéfiant et parfois féérique entre le monde et notre soi intérieur. Quelque chose survient dans le monde extérieur qui cadre parfaitement avec nos besoins immédiats, montrant que notre nature humaine et mère Nature sont les deux faces d'une même médaille. Dans la nature, chaque saison offre les conditions requises par l'écologie de la terre pour sa croissance évolutionnaire. De même, dans notre histoire humaine, nous ne cessons de trouver précisément ce qu'il nous faut pour évoluer comme des êtres sains sur le plan psychologique et conscients sur le plan spirituel. La synchronicité vient à nous comme une force adjuvante. Elle nous aide à nous trouver nous-mêmes comme nous aidons les autres à se trouver eux-mêmes. La synchronicité contribue ainsi à l'heureux accomplissement de notre destinée personnelle, dans un monde perpétuellement lumineux qui aspire sans cesse à plus de lumière.

La synchronicité, en effaçant la frontière entre la nature et nous, efface aussi la limite entre le temporel et l'intemporel. Elle met en lumière ces moments qui révèlent l'éternité de notre être. Quand nous en sommes convaincus, nous prenons ce soubassement d'éternité comme un tremplin pour avancer pas à pas. Ce sont des pas de danse – non un ballet cérémonieux, mais une gigue joyeuse, parfois inconvenante, voire irrévérencieuse. En fait, tout ce qui nous arrive est de la synchronicité, parce que tout s'imbrique parfaitement dans notre progression pas à pas vers l'accomplissement de notre potentiel.

Nous sommes en général très conscients des limites de notre pouvoir, et beaucoup moins conscients de notre infini potentiel. Ce potentiel est votre véritable Soi, une énergie inconditionnellement et universellement aimante, dont le discernement s'appuie sur la sagesse des âges, et qui porte un abondant pouvoir de guérison. Quand ces pouvoirs assoupis sont activés, nous agissons en accord avec ce qu'il y a de meilleur en nous. Nos pouvoirs spirituels peuvent toutefois rester des géants endormis dans notre psyché et ne jamais se déployer dans nos actes. Notre destinée reste alors inaccomplie, et une sensation de manque peut envahir notre vie. La synchronicité vient à la rescousse pour nous éveiller et nous accomplir.

La synchronicité nous montre que le monde orchestre certains événements de notre vie pour qu'ils s'harmonisent aux exigences de notre voyage intérieur. C'est ce qu'exprime la citation de Shakespeare qui ouvre ce live : « une harmonie pareille existe dans les âmes immortelles ». Les synchronicités sont inhabituelles, inattendues, elles ne sont ni construites ni contrôlées par le moi humain. En ce sens, ce sont des miracles de conjonction entre nous et les événements du monde. Nous ne pouvons pas forcer ce genre de miracles à se produire, mais nous pouvons les accueillir et leur garantir l'hospitalité dans les chambres encore fermées de notre âme. Alors le pouvoir de la coïncidence est respecté, et il nous ouvre à bien des merveilles. Les pages qui suivent nous montrent comment cela peut survenir.

L'organisme humain est équipé dès sa naissance de pouvoirs d'auto-guérison. Nous avons en nous trois guérisseuses très fiables et très compétentes qui sont trois grâces. La première est un médecin intérieur – la grâce du corps – qui vient à notre secours sur la scène d'un accident. Si nous nous coupons un doigt, il apporte des plaquettes sanguines pour arrêter l'hémorragie, et des globules blancs pour prévenir l'infection. Nous pouvons coopérer avec lui en lavant et en bandant la plaie – ces compétences que nous avons acquises dans notre premier manuel de premiers secours.

Nous avons aussi en nous une psychologue – la grâce de la psyché – qui sait exactement comment soigner nos blessures émotionnelles. Quand nous subissons une perte choquante, elle apporte des larmes de deuil sur le site de la blessure. Nous pouvons coopérer avec elle en nous engageant activement dans le travail de deuil. Nous pouvons nous fier à elle, car elle dispose d'un programme parfaitement calibré pour chaque crise. Pour que ce programme atteigne sa pleine efficacité, nous devons coopérer avec elle.

Enfin, nous connaissons tous la métaphore de l'ange gardien. C'est notre prêtre intérieur, notre guide spirituel – la grâce de l'âme – qui connaît l'itinéraire complet de notre voyage à travers la vie et vient offrir les provisions qu'exige celui-ci. Il apporte la synchronicité, les rêves, les intuitions, l'imagination, la créativité spontanée, les éveils soudains et les autres dons spirituels. Notre participation se borne d'abord à une scrupuleuse attention, avant que nous commencions à agir en suivant l'appel de notre destinée. Ce livre présente les compétences nécessaires à ce travail.

Le travail physique conduit à la joie de la santé. Le travail psychologique conduit à la joie qu'offrent une vie responsable et des relations efficaces. Le travail spirituel conduit à la joie de l'amour universel. Notre travail dans ces trois domaines consiste à synchroniser nos compétences apprises avec nos ressources innées. Telle est la danse – ces mouvements harmonieux d'effort et de grâce – qui incarne l'équation de la totalité humaine. Le pouvoir personnel est l'inébranlable certitude que les trois grâces résident dans notre psyché et qu'elles y travaillent efficacement. C'est une synchronicité à l'œuvre – ou plutôt, en jeu.

Mon objectif personnel dans la vie, en tant que psychothérapeute, professeur et écrivain, est d'indiquer cette source présente en chacun de nous. Mes livres, et plus particulièrement celui-ci, sont des manuels sur l'art d'aider notre psychologue et notre prêtre intérieurs dans leur œuvre resplendissante. Je cherche à asseoir notre confiance en cette lumière qui est en nous, et à cultiver l'art de nous laisser nous traverser par elle.

Dans ce livre, nous apprenons à reconnaître la synchronicité dans notre expérience quotidienne, dans notre imagination et dans nos rêves. Une conscience aussi élevée nous ouvre à ce qui est en train d'incuber dans les profondeurs dissimulées de notre inconscient. Nous reconnaissons alors la signification cruciale du *timing* dans toutes nos actions. Je m'appuie dans ces pages sur le concept jungien d'imagination active, sur les pratiques du bouddhisme tibétain et sur d'autres techniques et enseignements qui peuvent nous aider à appréhender le phénomène de la synchronicité et à en tirer des leçons. Je ne vise pas à présenter ici les théories de Jung, mais à explorer ce qui se passe quand on combine son œuvre à ces autres sagesses que sont le bouddhisme, la psychologie transpersonnelle et les traditions spirituelles mystiques.

Enfin, ce livre vous aidera à apprendre à « lire » la synchronicité dans votre propre vie, afin de découvrir comment :

- Interpréter une série d'événements similaires.
- Vous ouvrir aux forces adjuvantes qui vous entourent.
- Dépasser les peurs qui vous empêchent d'être vous-même.
- Gérer votre destinée et y participer pleinement.
- Distinguer le bon moment du mauvais.
- Utiliser l'imagination créatrice dans vos choix.
- Honorer vos rêves et en tirer un enseignement.
- Intégrer votre travail psychologique et spirituel.
- Vivre en accord avec vos besoins et vos désirs les plus profonds.

Avec ce livre vous percevrez les miracles autour de vous et en vous. Il offre un programme simple qui vous guide dans la découverte d'un sentiment d'efficacité personnelle et de liaison spirituelle. La conscience de la synchronicité fait de vous quelqu'un de plus profond en vous faisant percevoir la signification sous-jacente de votre histoire et de l'histoire du monde comme une seule et même chose. Ce type de conscience conduit à une synchronie, une harmonisation entre la musique de votre âme et le rythme des sphères cosmiques – qui sont, bien sûr, une seule et même chose. Telle est l'essence du discours du *Marchand de Venise* cité en exergue général, auquel il sera fait référence tout au long de ce livre. Cette citation offre une articulation complète et touchante de tout ce que nous cherchons à dire ici.

La synchronicité montre qu'il y a davantage en jeu que ce que nous avons coutume d'attribuer au hasard. Puisque ces corrélations échappent à notre contrôle, nous pouvons être certains que quelque chose – sans que nous sachions quoi – est toujours à l'œuvre – sans que nous sachions comment – pour nous faire grandir, pour rendre le monde plus vaste qu'il n'est déjà.

Quelle destinée précieuse et privilégiée est la nôtre : être les escortes de la lumière et de l'amour qui pénètrent ce monde. Nous sommes comme une garde d'honneur dans une longue procession d'ancêtres et de descendants qui, comme nous, sont toujours en chemin et toujours déjà ici.

« Nous passons notre vie à attendre le grand jour, la grande bataille ou le haut fait de pouvoir. Mais cette consumation extérieure n'est pas donnée à beaucoup, et n'est pas nécessaire. Tant que notre être est passionnément tendu vers l'esprit en toute chose, cet esprit émergera de nos efforts cachés et sans nom [...]. Des mains qui pétrissent la pâte aux mains qui la consacrent, ce n'est jamais qu'une seule Ostie. »

Pierre TEILHARD DE CHARDIN

CHAPITRE PREMIER

Un moment devient un élan

Qu'est-ce que la synchronicité ?

La synchronicité est un terme utilisé par Carl Gustav Jung pour décrire des coïncidences reliées par un sens plutôt que par un enchaînement de cause à effet. Ces coïncidences, qui affectent notre vie entière, surviennent hors de notre contrôle. Jung voyait dans la coïncidence signifiante, plutôt que dans le simple hasard, une dynamique gouvernant la totalité de l'expérience et de l'histoire humaines. La synchronicité est donc le soubassement de notre destinée collective et personnelle.

Nous sommes généralement conscients de la synchronicité, bien qu'elle soit pour nous un phénomène mystérieux. Plus nous sommes attentifs à elle, plus nous voyons comment notre destinée se déploie et de quelle façon la prendre en main. La synchronicité indique que les événements surviennent au sein d'un vaste réseau invisible de connexions. Sur le plan personnel, elle peut nous indiquer de nouveaux défis ou nous enseigner ce que nous avons besoin de savoir. La synchronicité intervient aussi dans des événements de la vie humaine pour faire progresser notre évolution.

Parmi les événements synchrones figurent les coïncidences, les relations, les corrélations, les convergences ou les correspondances signifiantes qui nous guident par des mises en garde ou, au contraire, en nous confirmant dans notre voie. La synchronicité se trouve aussi dans une série d'événements ou d'expériences présentant des points communs. Elle peut apparaître comme un événement frappant qui déclenche une réaction en chaîne. La synchronicité est toujours inattendue et quelque peu étrange dans la précision de ses connexions ou de ses révélations, et c'est ce qui nous interdit de l'écarter comme une simple coïncidence.

Dans la synchronicité, des événements qui surviennent apparemment au hasard *collaborent* pour façonner un lien doté de sens. Jung parlait d'un « principe de connexion acausal » où les connexions s'établissent par le sens et non par un principe de cause à effet au sens classique. La physique quantique montre que des événements séparés dans le temps peuvent avoir une corrélation sans être pour autant dans un rapport direct, physique, de cause à effet.

La façon dont les choses arrivent et ce qui va arriver constitue un champ de conscience où surviennent des coïncidences signifiantes. Qu'est-ce que la signification et qu'est-ce qu'une coïncidence ? La signification apparaît quand un événement ou une expérience dans la vie consciente nous met en contact avec des forces inconscientes qui conduisent à l'accomplissement de notre destinée. Notre destinée est tout ce qui mène à la naissance, à la mort, à la découverte d'un but dans la vie, ou à l'éveil à la conscience spirituelle. La coïncidence est un lien entre deux réalités qui n'en avaient jusque-là aucun.

La synchronicité unit quelque chose qui se passe en-dehors de nous à quelque chose qui se passe en nous. En fait, la synchronicité est l'indice qu'il n'y a pas de réelle séparation entre le dehors et le dedans, entre la réalité extérieure et intérieure. Toutes ces directions entretiennent des relations de perpétuelle réciprocité. En ce sens, la synchronicité est un événement spirituel montrant l'unité de la nature humaine, naturelle et divine.

Le mot « synchronicité » vient du grec *syn*, « avec, qui rassemble » – la connectivité – et *chronos*, « le temps ». La synchronicité est un lien ou une connexion qui survient en temps voulu. Soudain, une correspondance entre deux choses devient claire. Le lien unifiant avait toujours été là, mais une coïncidence immédiate et signifiante le rend visible ici et maintenant. Voici un exemple : deux proches amis d'enfance se perdent de vue. Une fois adultes, ils se retrouvent un jour par hasard et ne tardent pas à tomber amoureux. La coïncidence signifiante tient au fait qu'ils étaient depuis toujours destinés l'un à l'autre et se sont rencontrés au moment précis où ils étaient prêts à le savoir et à agir dans ce sens.

On appelle en général « coïncidence » une chose qui survient à un moment spécifique du temps. Par exemple, j'arrive sur la scène d'un crime juste à temps pour intervenir et sauver quelqu'un de la mort. Mais des correspondances signifiantes peuvent aussi être continues, c'est-à-dire toujours présentes et essentielles, même si elles passent inaperçues. Ainsi mon père, le pasteur, est présent tout au long de mon enfance comme un guide et un modèle, ce qui me conduit à reconnaître que je veux moi aussi consacrer ma vie au service des autres et à la spiritualité. Le monde de la synchronicité comporte donc à la fois des éveils soudains et des compréhensions plus calmes et plus lentes.

Une coïncidence ordinaire n'est pas toujours de la synchronicité, mais parfois une simple synchronisation, c'est-à-dire une simultanéité. Voici un exemple simple de la différence entre synchronicité et synchronisation : j'ai peur de plonger et, alors que je suis à la piscine, je vois un père qui apprend à plonger à son fils. Je suis touché par la tendresse que je vois chez le père et par la grâce de son plongeon. Je regarde, j'apprends, et j'abandonne ma peur. C'était une simple coïncidence, la synchronisation d'un besoin et d'une ressource. Plus tard, parce que j'ai appris à plonger, j'ai pris confiance en moi et je finis par devenir professeur de plongée. J'ouvre une école où j'entraîne un espoir olympique. Je peux faire remonter ce parcours gratifiant jusqu'à ce moment d'indiscrétion à la piscine, et c'est ce qui fait de cet événement originel une synchronicité. J'ai toujours eu en moi le goût de la plongée ; j'ai appris à la pratiquer à un moment spécifique. C'est ainsi que le fait essentiel continu est devenu une réalité existentielle ici et maintenant. Je découvre en outre que dans l'Antiquité, plonger d'une falaise était un sacrement initiatique, représentant une plongée dans les eaux inconnues de la renaissance, une forme primitive de baptême. Cela enrichit le sentiment que j'ai déjà d'accomplir un travail spirituel. Désormais, la synchronicité m'atteint plus profondément et sa grâce m'apparaît plus clairement. Je suis entré dans le domaine du miraculeux.

De fait, la synchronicité ne peut survenir par aucune intervention consciente, puisque c'est un phénomène de grâce, une intrusion du monde transpersonnel dans notre territoire intime. C'est un moment manifestant l'unité qui existe toujours déjà entre le psychologique et le spirituel, entre l'esprit et l'univers, entre vous et moi, entre nous et toute chose. Il survient quand quelque chose d'inconscient est prêt à faire un pas en avant dans la conscience.

Jung a décrit ainsi la synchronicité : « Une relation acausale mais signifiante entre les événements physiques et psychiques [...]. Une instance particulière d'ordre acausal [...]. Une succession consciente devient simultanéité [...]. La synchronicité prend les événements qui surviennent dans l'espace et dans le temps comme signifiant plus qu'un simple hasard. » La synchronicité est donc le contraire des liens de cause à effet. Ici, le lien est forgé par la signification, non par une réaction linéaire de cause à effet. Comme le Soi – la vie plus vaste en nous et dans l'univers qui transcende le moi et la séparation – n'est pas limité par le temps linéaire, il peut recourir à un autre modèle d'enchaînement. Au lieu d'un effet suivant une cause, on voit des choses survenir en même temps. La simultanéité remplace la progression linéaire dans le monde intemporel de la psyché. La synchronicité est le terme qui désigne cette alternative. Dire de quelque chose qu'il transcende la cause et l'effet, c'est dire qu'il est hors du contrôle du moi, ce qui est un autre indice que le Soi est à l'œuvre.

Comment surviennent les synchronicités

Les synchronicités se regroupent autour d'événements signifiants, tant personnels qu'historiques. Nous pouvons ressentir leur impact comme positif ou négatif. On a vu par exemple de nombreuses coïncidences signifiantes quand le *Titanic* a coulé et quand les présidents Lincoln et Kennedy ont été assassinés. Certains s'étaient inscrits sur la liste des passagers du *Titanic* contre leur intuition ; certains ne se présentèrent pas à l'embarquement ; certains prirent la place de quelqu'un d'autre ; d'autres enfin annulèrent leur réservation par prémonition d'un danger. Les assassinats respectifs de Lincoln et de Kennedy comportent un certain nombre de coïncidences. Dans les deux cas, leurs épouses étaient présentes ; leurs deux successeurs s'appelaient Johnson et étaient des sénateurs du Sud ; les deux assassins furent tués à leur tour avant leur procès ; Booth tira sur Lincoln dans un théâtre et s'échappa par un entrepôt, tandis qu'Oswald tira sur Kennedy du toit d'un entrepôt avant de se réfugier dans un théâtre.

Prenons un exemple plus personnel : Norma avait commandé une robe rouge pour une fête, et voilà qu'on lui livre une robe noire. Alors qu'elle s'apprête à appeler le magasin pour lui signaler son erreur, sa sœur lui téléphone : « Maman est morte. Viens à l'enterrement. » Norma pensait avoir le contrôle de sa vie ; elle pensait savoir ce qui allait se passer et ce dont elle aurait besoin. Mais l'événement synchrone lui raconte une autre histoire et l'habille pour ce qui va réellement se passer – un événement bien plus capital. La synchronicité est une surprise – celle de constater qu'un événement imprévu ou non-voulu cadre soudain parfaitement avec la situation.

La synchronicité fonctionne aussi directement ou symboliquement dans un rêve, une intuition ou une prémonition. Ceux-ci peuvent s'adresser à une situation existante et lui présenter une signification utile. La synchronicité survient dans un rêve qui révèle ce qui est déjà vrai ou sur le point de le devenir. Lincoln rêva qu'il serait assassiné une semaine avant la tragédie. Comme nous le verrons, les rêves et l'astrologie indiquent souvent ces correspondances synchrones.

Les événements qui surviennent à la suite dans notre vie constituent l'ordre extérieur de notre existence. L'ordre intérieur se manifeste dans les rêves et la synchronicité, qui nous montrent l'ordre acausal des choses. Des intuitions soudaines ou des moments de vérité sont synchrones en ceci qu'ils constituent des moments explicatifs qui nous font percevoir une signification plus profonde de notre vie, restée jusqu'alors invisible. L'intuition nous révèle alors, le temps d'un instant, l'immense domaine des possibles. C'est en ce sens que l'intuition est un tremplin pour la libération de notre immense potentiel intérieur.

La synchronicité se manifeste dans la tendance qu'ont les humains à faire les mêmes découvertes au cours d'une même période historique. Rappelons-nous la théorie de la « résonnance morphique » proposée par le biologiste Rupert Sheldrake. Des singes sur des îles différentes se lancent dans une nouvelle pratique consistant à laver les ignames avant de les manger. Cela survient quasiment en même temps sur chaque île, alors que les différents groupes de singes n'ont aucun moyen de partager cette information. Le monde de la nature a des connexions qui transcendent le temps et l'espace, et c'est là que réside la synchronicité.

Celle-ci peut prendre la forme de la coïncidence d'une perception psychique et d'un événement survenant simultanément, comme cela arrive dans les perceptions extrasensorielles. Les prémonitions entrent dans cette catégorie. Jung nous offre un exemple de prémonition synchrone à propos d'un de ses patients qui souffrait de phobies. Elles furent toutes balayées par la thérapie – toutes sauf une, la peur d'emprunter des escaliers extérieurs. Plus tard, ce patient fut tué d'une balle perdue au cours d'une bagarre de rue alors qu'il se trouvait sur un escalier de secours. C'était de la synchronicité, la prémonition d'une vérité signifiante – pas du tout une phobie. (Ou peut-être la phobie était-elle un dispositif de protection établi depuis longtemps.)

Le déjà-vu est la croyance illusoire d'avoir déjà vécu dans le passé une chose qui se déroule dans le présent. (Si cela s'est déjà produit en effet, c'est un souvenir, pas du déjà-vu). C'est de la synchronicité quand cela représente un lien signifiant à un moment passé qui n'est pas encore fini dans notre psyché et vient soudain nous hanter pour se rappeler à notre attention.

La synchronicité se met parfois en place sur des jours, des mois, voire des années : je marchais dans les montagnes de Crète voici quelques années, remarquant les échos et les étranges réverbérations du vent, quand je réalisai soudain qu'ils avaient *une voix*. Un mois plus tard, en gravissant le mont Sinaï, je me souvins que Moïse avait entendu une voix qui l'appelait sur cette montagne. « Ce doit être la voix que j'ai entendue dans les montagnes de Crète », pensai-je. Ce soir-là, j'étais assis avec le père Paul, l'un des moines du monastère Sainte-Catherine, au pied du Mont Sinaï. Il me dit : « La montagne prie. » Cette fois je sentis que cette voix me parlait, me priant de l'entendre et peut-être de trouver ma propre voix dans la sienne.

Nos prières exaucées sont une autre manifestation de la synchronicité, puisqu'elles sont cohérentes avec notre destinée. Certains événements miraculeux décrits dans les traditions religieuses peuvent être des synchronicités. Ainsi, dans l'histoire de l'Exode, les Hébreux arrivèrent devant la mer Rouge juste au moment où le vent y ouvrait un passage. Les Égyptiens, à leur grand désarroi, y arrivèrent à leur tour alors que les eaux se refermaient. C'est de la synchronicité pour les juifs et de l'asynchronie – « le temps sorti de ses gonds » – pour les Égyptiens.

La synchronicité représente un parfait paradoxe. Un paradoxe est une contradiction apparente qui est néanmoins vraie. Il y a une apparente contradiction entre la multiplicité et l'unité. Pourtant, dans la synchronicité, deux événements se fondent en un seul en prenant du sens. Le déploiement existentiel de deux circonstances, l'une pouvant être extérieure et l'autre intérieure, est essentiellement un dans un dessein chargé de sens. On en trouve une analogie dans l'herboristerie médiévale. La « loi des signatures » désignait la similarité entre certaines plantes et certaines parties du corps humain – une ressemblance indiquant que cette herbe avait des qualités guérisseuses pour cet organe. La « loi des similarités » de l'homéopathie en est un autre exemple : ce qui vous rend malade vous guérit. Dans les deux cas, la similitude et la symétrie sont des véhicules du tout.

La synchronicité est toujours frappante et parfois étrange. Notre « sixième sens » peut parfois nous indiquer qu'une signification archétypale monte dans la conscience des profondeurs de notre psyché. Ce peut être aussi une expérience religieuse, où notre conscience ordinaire est touchée et émue par la transcendance. Dans *Ma vie*, Jung fait ce commentaire : « Finalement, les seuls événements de la vie qui méritent d'être racontés sont ceux où le monde impérissable a fait irruption dans ce monde transitoire. »

Le Soi collectif, archétypal, est un champ de perpétuelles possibilités dans le temps et d'infinies possibilités dans l'espace. Son potentiel gît dans la vaste étendue de son amour, de sa sagesse et de son pouvoir de guérison, chez chacun de nous et dans la nature entière. Pour que ces potentiels puissent s'incarner en nous, trois engagements créatifs sont requis de notre moi. Nous devons apprendre à aimer généreusement. Nous devons avoir accès à une sagesse intuitive en transcendant les catégories logiques. Nous devons apporter l'équilibre et la réconciliation au monde et aux relations humaines en renonçant à exercer des représailles. La synchronicité est un message envoyé au moi par le Soi supérieur sur la façon d'y parvenir, tout en lui offrant des occasions de les pratiquer.

La synchronicité révèle donc un profond soubassement de signification dans l'univers, montrant comment ce sens se fraie une voie dans et à travers nos vies. La compréhension de la totalité humaine trouve donc son fondement et son soutien dans l'ordre plus vaste des choses. Les événements objectifs ont une résonnance subjective dans notre psyché. La synchronicité est un exemple immédiat de cette correspondance. Elle nous narre l'histoire du lien signifiant entre le monde subjectif et le monde objectif. Ses événements survenant spontanément en temps et en heure sont des articulations de l'irréfragable unité que l'on devine dans la poésie, le bouddhisme et le mysticisme religieux universel.

Des histoires qui révèlent la synchronicité

Voici quelques exemples de synchronicité à des niveaux historiques et personnels.

La synchronicité caractérise le voyage vers l'illumination :

Le prince Gautama naquit dans une famille qui souhaitait le préserver du monde réel pour que sa curiosité le pousse plus tard à aller explorer celui-ci. Lors d'une promenade hors des murs du palais, il découvrit les réalités de la souffrance humaine : la maladie, la vieillesse et la mort. Le prince se tourna alors vers la pratique spirituelle de l'ascétisme, à un point si extrême qu'il mit sa santé en péril. Un jour une jeune fille vint lui apporter un bol de lait de riz, et il comprit la sagesse de la modération, de la voie médiane. Il s'assit sous un figuier en une méditation parfaite, ouvert à l'illumination, et elle finit par arriver.

Dogen Zenji parle de cette expérience d'illumination comme d'une synchronicité : « Quand l'étoile du matin apparut, moi et la terre immense avec tous ses êtres vivants devinrent simultanément des bouddhas. » Chaque événement de la vie de Gautama dessine une voie vers l'illumination. Chaque événement de notre vie est de la synchronicité quand il s'aligne pour rendre l'illumination possible à tout moment.

La synchronicité apparaît en une occurrence unique, parfois douloureuse, qui déclenche une chaîne d'événements œuvrant pour le meilleur :

Joseph, dans l'Ancien Testament, fut vendu en esclavage aux Égyptiens par ses frères. Il prit du pouvoir en Égypte grâce à son don d'interprétation des rêves et à son intégrité personnelle. Ayant interprété le rêve de Pharaon, il sut se préparer en vue de la famine à venir. Quand ses frères, bien des années plus tard, souffrirent de cette même famine, ils vinrent trouver Joseph, qui put alors les nourrir et se réconcilier avec eux.

La synchronicité se trouve dans un événement qui semble dépourvu de sens au moment où il survient, mais qui se révèle plus tard de la plus haute signification :

Abraham Lincoln, par compassion pour un homme contraint de vendre ses biens, lui acheta un tonneau au prix qu'il en demandait : un dollar. Il ne l'interrogea jamais sur ce qu'il contenait. Il le garda chez lui et l'oublia. Plus tard, Lincoln traversa une longue période de confusion et d'indécision, hésitant entre une profession juridique et le journalisme. Au milieu de ce dilemme, il remarqua le tonneau qu'il ouvrit machinalement. Il contenait une pile de livres de droit. Lincoln y vit un signe et intégra la profession qui allait le conduire à la politique et à la présidence. Les nombreuses synchronicités de la vie de Lincoln – et de celle de la plupart des grands personnages – montrent à quel point la synchronicité dirige notre destinée.

La synchronicité peut surgir sous la forme d'un rêve qui répond à une question préoccupante, ou d'un rêve qui prédit l'avenir :

Elias Howe, au XIXe siècle, inventa la machine à coudre. Mais il n'arrivait pas à concevoir un système où le fil passait à la fois dans l'aiguille et dans le tissu. Il y réfléchit longtemps, mais en vain. Sans cette aiguille, son invention était inutilisable. Une nuit, Elias, qui vivait dans le Massachussetts, rêva qu'il était en Afrique, face à des indigènes munis de lances étranges. Son attention fut attirée par la forme inhabituelle des pointes, dotées d'un trou oblong en leur milieu. Quand Howe s'éveilla, il comprit qu'il avait trouvé la solution à son problème.

La synchronicité se manifeste dans des décisions soudaines ou spontanées que nous prenons sans savoir pourquoi, et qui se révèlent plus tard signifiantes :

Fritz Perls, fondateur de la gestalt-thérapie, enseignait dans une université allemande au cours des années 1930. Le chef de son département lui demanda un jour, ainsi qu'à deux autres collègues, s'il serait intéressé par un poste en Afrique du sud. Les deux collègues commencèrent à poser des questions sur les aspects pratiques de cette mutation, mais Perls, lui, accepta aussitôt. Ils étaient juifs tous les trois et, quelques années plus tard, ses deux collègues étaient en camp de concentration tandis que Perls vivait en sécurité en Afrique. Il émigra ensuite en Amérique où il fit d'importantes contributions au domaine de la psychothérapie.

La synchronicité apparaît dans une coïncidence inhabituelle qui se révèle ensuite nécessaire ou adjuvante :

Au Nebraska, voici quelques années, aucun des membres du chœur de l'église ne se présenta pour la répétition le soir où la chaudière explosa. Ils eurent la vie sauve grâce à cette coïncidence. Avant cette soirée, tous les membres étaient venus ponctuellement chaque semaine à la répétition.

La synchronicité peut apparaître comme une réponse à une question sur le futur ou sur la réalité d'un monde spirituel :

Un soir, Concetta, une femme d'âge moyen dont la mère venait de mourir, était assise avec son père dans la maison où elle avait grandi. Son mari devait venir la chercher en voiture plus tard pour la ramener à la maison. Tandis que son père somnolait, Concetta se rappelait sa mère en se demandant s'il y avait un paradis ou une quelconque forme de vie après la mort. Soudain, elle s'entendit dire : « Maman, s'il y a un autre monde, envoie-moi une tranche de pizza ». Peu après, son mari l'appela d'une pizzeria pour lui dire qu'il ne pourrait pas venir la chercher mais que son frère allait venir à sa place. « Très bien », dit-elle. Elle était sur le point de raccrocher quand Tony ajouta : « Et à propos, il t'apporte une tranche de pizza. »

La synchronicité se manifeste dans notre façon de découvrir notre destinée par le biais des gens et des événements :

Mère Teresa était née en Albanie. À l'âge de quinze ans, elle entendit parler de femmes qui travaillaient comme missionnaires parmi les pauvres. Elle brûlait d'un ardent désir de les imiter. À dix-huit ans, n'ayant jamais vu un couvent de sa vie, elle quitta son foyer pour entrer chez les sœurs de Lorette, missionnaires en Inde. Bientôt, Mère Teresa se retrouva en train d'enseigner à Calcutta, mais le couvent et l'école étaient protégés par de hauts murs et fréquentés par des jeunes filles riches, et elle ne fut pas autorisée à travailler dans les taudis où elle se sentait appelée. À trente-huit ans, elle reçut une autorisation spéciale du pape pour réaliser son rêve. Elle ressentit une profonde solitude en enseignant aux pauvres toute seule, sans argent, sans fournitures ni soutien fraternel. Un jour, elle vit une femme à l'agonie dans la rue et demeura près d'elle. Cette expérience élargit la portée de sa mission et elle se mit à s'occuper des pauvres et des moribonds. Une religieuse vint la rejoindre. Aujourd'hui, des milliers de religieuses et de laïcs poursuivent son œuvre à travers le monde. Sa destinée commença par un vœu et s'acheva par une œuvre en faveur des nécessiteux, mettant à contribution les possesseurs des richesses de ce monde. C'est grâce à ces rencontres et une suite d'événements simples que son destin put s'accomplir comme le monde et elle-même avaient besoin qu'il s'accomplisse.

Il y a de la synchronicité dans la façon dont un handicap physique et/ou une blessure émotionnelle devient le début de notre mission dans la vie ou du déploiement de nos talents. L'archétype du guérisseur blessé prospère sur cette synchronicité :

Les propres malheurs de Helen Keller, qui était sourde et aveugle, furent le catalyseur qui lui permit de trouver sa destinée au service des autres. Le film *My*

Left Foot en est un autre exemple : Christy Brown, atteint d'infirmité motrice cérébrale et incapable de se servir de ses mains, utilisa son pied gauche pour exprimer son talent de peintre et d'écrivain.

Dans notre propre vie, nous avons pu être maltraités dans l'enfance et nous demander maintenant comment cela nous a aidés à devenir plus forts et à montrer davantage de compassion aux autres. « J'ai été négligé, ce qui m'a appris à être autosuffisant. J'ai été exclu, et je suis donc plus attentif à inclure les autres. » Nos blessures sont souvent les ouvertures vers la meilleure et la plus belle partie de nous-mêmes. Nous nous rappelons tous la cruelle marâtre des contes de fées. Dans un conte, cet archétype est souvent un élément nécessaire pour que le héros ou l'héroïne devienne un personnage puissant et riche. Les histoires de héros et d'héroïnes commencent souvent par une blessure, une perte ou une injustice, et se terminent par des actes héroïques de restauration et d'amour qui transmettent des dons : « Il faut précisément tout ce mal et toute cette douleur pour que survienne la grande émancipation », dit Nietzsche.

La synchronicité peut nous ouvrir à notre travail psychologique ou à notre sentiment d'un monde situé au-delà de la pensée scientifique rationnelle :

L'une des patientes de Jung était une jeune femme résistante à sa forme de traitement transpersonnel archétypal parce qu'elle était trop « dans sa tête ». Un jour, elle lui confia un rêve où elle tenait en main un scarabée doré. Tandis que Jung l'écoutait, il fut distrait par le tapotement d'un insecte contre la vitre. Il ouvrit la fenêtre et l'insecte entra dans la pièce. C'était un *Scarabaeidae*, un proche équivalent du scarabée du rêve de sa patiente. Il virent l'un et l'autre une synchronicité dans cet événement, et la patiente devint plus ouverte à la dimension spirituelle de sa vie.

La synchronicité est à l'œuvre quand quelque chose survient qui donne substance à une croyance ou à une philosophie de la vie :

Dans *Les Archétypes et l'Inconscient collectif*, Jung raconte une histoire touchante qui a conforté sa conviction que les hommes ont toujours espéré une vie après la mort, et qui illustre le pouvoir de l'amour : « En Haute-Égypte, près d'Assouan, j'ai regardé un jour dans une ancienne tombe égyptienne qui venait d'être ouverte. Juste derrière la porte d'entrée se trouvait un petit panier d'osier contenant les restes d'un nouveau-né enveloppé de chiffons. À l'évidence, la femme d'un maçon avait hâtivement déposé le corps de son enfant mort dans la tombe du seigneur à la dernière minute. Elle espérait sans doute que, quand le grand homme monterait dans la barque du soleil pour renaître, le petit passager clandestin pourrait partager son sort, se trouvant dans l'enceinte sacrée à portée de la grâce divine. »

Apprendre à pratiquer l'ouverture à la synchronicité

La synchronicité nous invite à devenir plus capable d'amour, à atteindre la sagesse, et à devenir une source de guérison ou de paix. Mettre en œuvre ces potentiels *est* notre destinée spirituelle. Nous ne créons pas notre destinée ; nous participons à son déploiement. La synchronicité fonctionne comme un catalyseur qui permet à notre destinée de se déployer. Elle peut nous aider parce qu'elle est une apparition sacrée du transcendant/transpersonnel dans notre monde transitoire/personnel. Ce sont des mondes qui aiment s'étreindre. La synchronicité est ainsi un outil majeur de fabrication de l'âme, divulguant des significations immortelles par le biais d'événements personnels pour nous aider à trouver notre route vers l'intégration. Nous pouvons trouver cette voie grâce à nos pratiques.

Les suggestions qui suivent, comme toutes celles de ce livre, vont vous aider à travailler *avec* la synchronicité de deux façons : apprendre à reconnaître les synchronicités, et les suivre avec l'aide de pratiques adéquates, conçues par votre Soi supérieur pour vous faire progresser vers l'accomplissement total. Considérez chacun de ces éléments de synchronicité et demandez-vous lesquels sont dans l'air en ce moment dans votre vie. Faites un choix conscient pour identifier ceux qui vont advenir dans un futur proche.

La coïncidence, la correspondance, la connexion, la ressemblance, les liens entre des événements ou des rencontres passés et des développements ultérieurs.

Les déclencheurs d'une série d'événements ou de tournants.

L'inattendu, l'inhabituel, l'étrange, l'improbable.

Ce qui survient sur l'impulsion du moment et au moment propice.

Ce qui est signifiant, révélateur, et est devenu conscient pour nous.

Ce qui survient hors de notre contrôle ou est contraire à nos vœux.

Le coup de chance, le choix, ou la coïncidence qui découvre une toute nouvelle possibilité dans notre psyché, ou une nouvelle voie vers notre bonheur ou notre vocation véritables.

Le hasard heureux, la bonne fortune qui survient par accident, et qui est un rappel de la dimension joueuse de la synchronicité.

Dans ce qui suit, et dans toutes les pratiques recommandées dans ce livre, n'hésitez pas à vous servir de la peinture, de la sculpture, de la musique, de la poésie, de la danse ou de toute forme d'art qui vous intéresse.

1. Notez dans votre journal toutes les coïncidences qui surviennent pendant que vous lisez ce livre. Notez celles qui deviennent signifiantes, c'est-à-dire qui font surgir le meilleur de vous-même ; modifiez votre perspective pour que des choses nouvelles puissent vous arriver, ou pour vous rendre plus aimant, plus sage, plus en mesure d'aider ou de guérir vous-même ou les autres. Trouvez dans ces expériences un message personnel qui vous fasse progresser dans votre voyage. Cela survient quand vous prenez la résolution d'adopter une nouvelle conduite, de ne pas suivre votre caractère, d'être plus authentique quant à vos besoins et vos désirs profonds, et d'avoir un sentiment de votre mission personnelle.

Si vous n'avez pas de maître spirituel ou de mentor, partagez vos expériences avec l'ami(e) qui semble le plus conscient sur le plan spirituel, et écoutez ses commentaires. Prenez-les comme une extension de la synchronicité qui a déclenché la quête de votre propre mission. Quel objectif de l'univers cherche à s'exprimer à travers vous ? Comment a-t-il réellement commencé ? En quoi y avez-vous participé ou, au contraire, l'avez-vous fait échouer ?

2. Considérez les événements signifiants de votre vie décennie par décennie, et explorez les synchronicités qui ont pu survenir autour d'eux. Quel message s'efforçait de parvenir jusqu'à vous ? Considérez les événements

qui semblaient négatifs de prime abord et ont finalement bien tourné. Quelles synchronicités s'étaient agglutinées autour de ces événements ? Considérez maintenant votre vie actuelle. Si la synchronicité survient autour d'un événement qui vous semble négatif, c'est qu'il peut contenir quelque chose de positif. Trouvez du bon dans ce qui vous semble si mauvais, et cherchez les moyens d'en faire un tremplin.

3. Prêtez attention aux surprises qui vous arrivent. Que vous appellent-elles à découvrir ? Êtes-vous en train d'organiser votre vie de façon à éviter toutes les surprises ? Tout est-il trop ordonné ? Que perdez-vous dans ce processus ? Y a-t-il de la peur derrière le fait que vous n'ayez plus guère de surprises ces derniers temps ?

4. Quels sont les correspondances, les similarités ou les hasards heureux qui vous sont arrivés ce mois-ci ? En quoi vous préviennent-ils, vous guident-ils ou vous redonnent-ils de l'assurance ? Qu'est-ce qui se prépare dans votre vie ? Quelle nouvelle liberté peut-elle chercher à faire naître en vous, tout en vous illuminant sur ce qui est en vous depuis si longtemps ? Peut-être y a-t-il des obligations dont vous voulez être débarrassé. Ou, au contraire, des choses que vous répugnez à perdre, mais qu'il est temps de laisser partir.

5. Quelles sont les images qui vous reviennent régulièrement ? En quoi désignent-elles quelque chose que vous êtes prêt à faire ou à abandonner ? Y a-t-il un besoin ou un désir en vous qui n'est pas satisfait ? La synchronicité d'une image qui revient sans cesse vous fasciner ne vous appelle-t-elle pas à la suivre ? Examinez aussi les images de vos rêves. Que vous disent ces images et leurs synchronicités sur votre situation présente ?

Interpréter les synchronicités

Une série de :	*Peut vouloir dire qu'il est temps de :*
Pertes	Renoncer
Opportunités	S'accrocher
Révélations de faits porteurs d'information	En tenir compte et cesser le déni
Échecs à localiser l'information	Vous n'avez pas encore besoin de tout savoir
Beaucoup de choses qui vont mal	Reculer
Effondrements physiques	Veiller à votre stress
Transitions qui se passent facilement	Vous êtes sur la bonne voie
Embarras	Dégonfler le moi
Les mêmes vieux problèmes	C'est là qu'il faut travailler
Trahisons	Placer ailleurs votre confiance
Souvenirs	Se laisser aller au regret
Opportunités d'être généreux	Abandonner l'attachement et l'avidité

6. Toute coïncidence offre une grâce. Remarquez comment, dans les histoires racontées ici, une conscience accrue a conduit à un amour, à une sagesse et/ou à une guérison. Étudiez vos propres expériences de synchronicité pour y trouver la même possibilité.

7. La prochaine fois que vous aurez une expérience de déjà-vu, demandez-vous ce qui n'est pas terminé et demande à finir, ou quelle perte vous regrettez, ou vers quelle époque de votre vie vous aimeriez

revenir pour tout recommencer à partir de là. Comment tout cela suscite-t-il le regret, ou sa tendre amie la nostalgie ?

8. Avez-vous connu une série d'événements ou de rêves similaires au cours de ces deux derniers mois ? Quel en est le thème commun ? Quelle force au-delà de vous cherche à vous atteindre par cette orchestration de votre vie ? Quel défi ce thème vous offre-t-il ? Qu'a-t-il d'excitant ? Qu'a-t-il d'effrayant ? Écrivez les réponses à ces questions et étudiez les sentiments que cela suscite en vous. En quoi ces sentiments vous aident-ils ou vous gênent-ils pour répondre à toutes ces questions ?

9. La plupart des gens ont certains pouvoirs de prémonition. Quand se sont-ils manifestés au cours de votre vie ? Le plus souvent, ils surgissent quand quelque chose se prépare dans votre vie. Remarquez-vous que vous devenez plus sensible quand des changements ou des transitions majeures sont en vue ? Plus vous prêtez attention à ces pouvoirs, si minimes soient-ils, plus ils iront en augmentant. Le pouvoir intérieur est un visiteur qui aime trouver un hôte accueillant.

Précisons cependant une chose : une série de pertes peut appeler à un *effort* au lieu d'un abandon. En fait, chaque entrée ci-dessus peut être inversée. Une synchronicité peut être perçue comme une chose qui « doit être », alors qu'il faut « y prendre garde ! ». Il n'y a pas de tableau ni de pilote auquel on puisse se fier aveuglément quand on navigue sur les eaux du changement et de la synchronicité. Il s'agit de notre vocation. Le danger de l'étude des synchronicités est donc de projeter un sens là où il n'y en a aucun, pour satisfaire le besoin de notre moi de se sentir spécial. Nous pouvons aussi percevoir les coïncidences sur un mode paranoïaque, en nous imaginant que les autres complotent contre nous ou au contraire nous vénèrent. Il est sage de partager nos interprétations des synchronicités avec des gens capables de nous offrir un retour objectif, ou de nous confirmer que nous sommes bien ancrés dans le monde.

Pour utiliser ce tableau, examinez soigneusement votre vie au cours des six derniers mois et écrivez les événements, les choix et les activités qui correspondent à chacune de ces entrées. Remarquez où tombent la plupart de vos réponses. Que se passe-t-il dans votre vie en ce moment même ? Visitez-vous un côté exclusivement ? Comment pouvez-vous rétablir votre équilibre de façon à visiter les deux côtés ? Vous accrochez-vous là où il est temps de laisser tomber ? Traînez-vous encore là où il est temps de partir ? Avez-vous noté que la métaphore d'une porte qui se ferme tandis qu'une fenêtre s'ouvre s'est parfois appliquée à vous ?

Dans l'introduction, nous avons rencontré les trois grâces en nous : le médecin, le psychologue et le prêtre ou le guide. Envisagez une thérapie avec un thérapeute spirituellement conscient comme un élément du travail que vous désigne la synchronicité. Les thérapeutes assistent le psychologue et le guide intérieurs du patient dans leur lumineux travail. Ils nous aident à construire la confiance dans la lumière qu'ils répandent et à apprendre l'art de la laisser nous traverser. En tant que client, vous avez quelque chose qui travaille pour vous et qui est aussi avisé que Freud ou Jung. Les thérapeutes peuvent inviter cette ressource intérieure à se faire jour, et vous aider ensuite à la conserver. Quand un thérapeute est assis avec un client, il n'est pas tout seul à fond de cale avec un malheureux passager clandestin. Il est sur le pont, le domaine du Soi supérieur, avec un capitaine expert méconnu (le psychologue et le guide intérieurs) dissimulé au sein d'un marin novice qui redoute le voyage qui s'annonce tout en étant désireux de le mener à bien. Avec toutes ces forces réunies, nous autres les voyageurs prenons confiance et apprenons les ficelles de la vie. Alors le gréement peut être prestement monté et le port atteint.

Chaque synchronicité dans ma vie est justement un pont de ce genre.

CHAPITRE II

Comment la synchronicité nous touche

« Le ventre du temps porte quantité d'événements dont il sera délivré. »

William SHAKESPEARE, *Othello*

La synchronicité est la coïncidence frappante et signifiante de deux événements ou d'une série d'événements. On ne peut parler de synchronicité qu'en présence d'une signification. La signification est toujours l'ultime critère de la synchronicité, et elle ne survient que lorsque nous la remarquons. Remarquer des significations en nous et dans nos relations est le début du travail sur nous-mêmes, ce moment où nous devenons conscients au lieu d'être insouciants et distraits.

La synchronicité peut apparaître dans un symptôme dont nous souffrons à ce moment précis, dans une dépression où nous sommes tombés, dans un dilemme qui nous obsède. Chacune de ces douloureuses expériences peut nous offrir un nouveau potentiel d'auto-guérison ou une nouvelle direction sur le chemin de notre vie. La psyché possède une prédisposition guérisseuse qui produit les stimuli qui nous sont nécessaires au moment précis où nous en avons besoin. Margaret Mahler, experte en relations d'objet, écrit ainsi : « Il y a en nous une donnée innée, un élan vers l'individuation. » Cet élan fait naître un symptôme, et la guérison revient à trouver une voie vers l'individuation. Individuation est le terme qu'a utilisé Jung pour décrire le processus qui nous fait devenir ce que nous sommes réellement : notre totalité intérieure devient visible ; nos potentiels se réalisent ; le moi et le Soi forment un axe. Il en résulte une vie efficace au plan psychologique, et illuminée au plan spirituel.

La synchronicité apparaît dans notre travail sur nous-mêmes en ceci que nous prenons conscience de nos problèmes réels au moment précis où surviennent les relations qui en sont la manifestation. Le plus souvent, nous restons longtemps dans l'oubli ou le déni avant de parvenir à reconnaître notre vérité propre. Ensuite, nous trouvons la force de regarder plus profondément en nous et le courage d'affronter nos démons – mais aussi nos anges. La synchronicité apparaît en ceci que, bien souvent, nous ne nous autorisons à savoir quelque chose sur nous-mêmes ou sur les autres que lorsque nous sommes en mesure de gérer ce que nous savons.

Nos guérisseurs intérieurs – le médecin, le psychologue et le guide spirituel que nous avons rencontrés dans l'introduction – travaillent à l'unisson pour nous offrir des ressources adaptées à nos besoins. Nous rejoignons la synchronicité quand nous utilisons les compétences liées à notre inclination innée à la guérison, et quand nous en faisons un rendez-vous coopératif de grâce et d'effort. Nous acordons nos compétences quotidiennes à l'action guérisseuse toujours déjà à l'œuvre dans la psyché autorestauratrice.

Nos rencontres avec nos futurs partenaires montrent souvent la synchronicité à l'œuvre dans notre vie. Deux personnes qui aiment observer les baleines participent à une expédition locale un dimanche après-midi. C'est une coïncidence. Ils ne se connaissent pas, mais ils entament la conversation alors qu'ils se penchent sur le bastingage pour mieux distinguer les baleines évoluant dans les vagues. Du fait de cet intérêt commun, ils décident de se revoir et ne tardent pas à tomber amoureux. Peu après, ils se marient. La promenade en bateau est une synchronicité, comme le fait de se pencher côte à côte pour observer les baleines, puisque ces événements ont été le point de départ d'une vie commune. Leur amour des baleines les a préparés à trouver l'accomplissement de leur vie dans une relation. Cette rencontre par hasard n'était pas du hasard, mais de la grâce. Un intérêt commun et rare a été leur voie vers le bonheur.

Nous pourrions dire aussi que chaque fois que nous tombons amoureux ou que nous entamons une relation intime, c'est un exemple de synchronicité, puisque nous rencontrons précisément les gens qui nous enseignent ce que nous avons besoin de savoir sur la vie, sur l'amour et sur nous-mêmes. Nous pouvons transférer sur eux les besoins et les attentes de notre enfance. Nous nous lions avec la personne qui va nous montrer ce que nous n'avons pas réglé de notre passé, et nous aider à résoudre notre problème émotionnel resté en suspens, si toutefois nous sommes disposés à accomplir le travail nécessaire en ce sens.

La synchronicité surgit souvent du lien entre un nouveau contact et ce qui s'ensuit plus tard et se révèle important pour nous. Nous pouvons rencontrer précisément la personne qui nous montre notre potentiel caché pour l'art, ou pour une profession ou une compétence quelconques. Quelqu'un découvre en nous une orientation sexuelle, une inclination pour un hobby, voire une aspiration à une pratique spirituelle. Quelqu'un nous explique une situation politique et nous trouvons une cause à laquelle nous dévouer. Nous ne cessons au cours de notre vie de rencontrer les gens qui nous aident à éveiller ce qui sommeillait en nous. Cela peut survenir lors d'un rendez-vous orchestré par d'autres, dans une rencontre de hasard, à une conférence où on nous a traîné, à une fausse adresse, et dans la « chimie » entre nous et un autre, qui peut se terminer par une relation ou un mariage.

La synchronicité révèle parfois une vérité sur notre relation dans des mots d'une justesse que nous n'avions jamais entendue : « Comme nous étions ignorants, alors ! Qui aurait pu dire que les choses tourneraient ainsi ! » Nous lançons parfois quelque chose sur le mode de l'humour ou de la métaphore, mais si nous prenons le temps d'y réfléchir, nous comprenons que c'est ce que nous voulions dire au sens littéral. Par exemple, si vous me demandez comment va mon orageuse liaison, je vous réponds : « Ça s'est plus ou moins raccommodé. » Plus tard, je repense à cette phrase et je comprends qu'elle décrit la nature exacte de ma relation. Les choses ne changent jamais et ne sont jamais résolues, elles ne sont que raccommodées. Je me suis ouvert à ma propre vérité par un lapsus freudien ou une synchronicité.

L'élan vers la totalité/l'individuation nous donne l'aptitude à intégrer des relations qui nous aident à régler les troubles émotionnels de notre enfance restés sans solution. Les événements passés et les relations de l'enfance s'enregistrent dans notre psyché avec le vocabulaire laconique des fourmis : « Fini ou pas fini » ? « Pas fini », dans le contexte humain, désigne des questions restées en suspens, qui n'ont été ni abordées ni résolues. Nous repérons parmi nos relations actuelles les gens qui ressemblent précisément à ces figures passées signifiantes et qui jouent leur rôle, tandis que nous travaillons nos drames archaïques. On en voit un exemple dans la projection ou le transfert inconscient, qui sont deux formes de synchronicité, puisqu'ils correspondent à une nouvelle rencontre survenant alors que nous sommes prêts à régler nos vieilles histoires émotionnelles. Le transfert assigne un rôle parental à un partenaire adulte. La projection nous fait voir chez les autres ce que nous désavouons en nous-mêmes, tant positivement, dans notre potentiel non dévoilé, que négativement, dans nos traits et nos désirs cachés et inacceptables. L'aspiration à la totalité dans notre psyché est la genèse du transfert et de la projection – qui montrent leur utilité quand nous les amenons à la conscience et travaillons sur ce qu'ils nous désignent.

En effet, chaque personne et chaque événement de notre vie s'insère dans la métaphore de notre voyage. La réflexion que nous laisse une ancienne relation n'est pas forcément : « Comme il était méchant ! », mais plutôt : « Combien j'avais à apprendre ! » Nous continuons en général à rencontrer des partenaires qui nous montrent exactement où se situe notre travail. Nos blessures sont des ouvertures sur notre vie disparue. Souvent, la seule façon dont un fragment perdu de nous-mêmes ou de notre histoire peut nous revenir, c'est par le biais d'une autre personne. L'inconnu est effrayant, et soudain *les bonnes personnes et les bons événements surgissent qui nous aident à l'affronter*. Voilà de la synchronicité. Notre seule erreur est de nous accrocher trop longtemps à certaines personnes, et de rester trop peu de temps avec d'autres. Nous les prenons comme étant simplement eux-mêmes, au lieu de les voir comme eux-mêmes *et* comme des forces métaphoriques venues nous stimuler ou nous réprimander.

« Nous rencontrons ceux à qui nous appartenons dans le monde du Soi », dit Marie-Louise Von Franz. Il y a de la synchronicité dans la façon dont nous trouvons avec précision, sans jamais nous tromper, les gens qui nous révèlent à nous-mêmes. Certains événements surviennent qui jouent le même rôle. Une réponse spirituellement consciente pourrait être : « Si *cela* m'arrive, c'est qu'il s'agit d'un ingrédient de ma destinée. La seule chose qui peut me faire obstacle est mon propre moi, pas les événements qui surviennent ni les gens qui les apportent. La force de la grâce m'a amené ici ». Virgile écrivait déjà à propos d'un triste événement : « Un jour, même ce souvenir viendra à mon secours ».

Les expériences et les événements qui nous ont amenés ici

Outre rencontrer des personnes remarquables, nous faisons aussi des expériences qui nous sont une ouverture ou un éveil. Ce peut être la lecture d'un livre qui change notre vie, une bêtise que nous avons commise et qui recèle un avantage inattendu, une perte qui fait place à de nouvelles possibilités, une opportunité qui était destinée à un autre et a croisé notre route, un plan qui a échoué et s'est transformé en une opportunité inespérée, un accident qui nous a handicapés, un désastre qui nous a dévastés, une aubaine qui nous a gratifiés, un rejet par quelqu'un suivi d'une reconnaissance inattendue par un autre – tout événement en somme qui croise notre route et nous perturbe ou nous profite. Heureusement pour nous, toute personne, tout lieu et tout objet est un point de départ possible pour de nouveaux points de vue, et un surcroît de lumière qui nous permet de mieux les voir. Le fait que notre monde ait débuté par un Big Bang signifie que toute notre existence a commencé par la synchronicité.

Il y a de la synchronicité dans les événements de la journée qui ont suscité une forte réaction en nous. Ils sont les métaphores de sentiments profonds non identifiés et d'une histoire émotionnelle non terminée qui réclament notre attention. Par exemple, éprouver de l'exaspération quand on est coincé derrière un bus scolaire peut être une métaphore pour quelque chose qui crée un embouteillage dans le voyage de notre vie. Nous vivons derrière un obstacle sur lequel nous n'avons aucun contrôle. Nous voyons alors que le choix se réduit à être plus contrôlant ou plus écoutant. Écouter, c'est être ouvert, c'est être prêt à apprendre.

Quand nous sommes prêts à apprendre, un professeur apparaît. C'est de la synchronicité, et elle peut survenir avec les vivants ou les morts. Parfois, une personne disparue depuis des années revient hanter nos pensées pendant plusieurs jours d'affilée. C'est peut-être que la signification qu'a eue cette personne dans notre vie revient s'affirmer en nous. Il est possible qu'elle nous ait appris une chose dont nous avons besoin de nous rappeler maintenant. Le visage du professeur apparaît quand le temps est venu d'être instruit, ou de gagner un aperçu plus profond de ce que nous sommes. Ce peut même être le moment de prier cette personne d'être notre guide, si cette demande cadre avec notre vision du monde.

Ceux qui nous guident et nous enseignent sont également touchés par la synchronicité. Les thérapeutes remarquent parfois que leurs clients semblent précisément aborder les problèmes qu'ils ont eux-mêmes le plus besoin de creuser. Les professeurs se voient interrogés sur des questions qu'ils ont besoin de résoudre eux-mêmes. Les écrivains écrivent parfois sur ce qu'ils ont le plus besoin d'éclaircir dans leur propre vie.

La synchronicité nous active et nous anime quand il y a une coïncidence signifiante entre ce qui nous arrive et notre disposition intérieure au changement ou à une transition. Lorsque je suis dans une phase d'abandon, des pertes surviennent. Dans ma phase de défi, les opportunités et les oppositions surviennent. S'intégrer, c'est accompagner ce qui veut survenir, sans arrêter l'élan de ce que je ne peux pas changer mais en sautant en croupe au dernier moment, ou dans le train juste quand il quitte la gare. La confiance est toujours une compagne inestimable sur les rails de la synchronie. Notre travail consiste donc à capitaliser sur des moments de choix conscient qui correspondent à un élan intérieur inconscient.

Certains événements sont des coïncidences signifiantes en ceci qu'ils déclenchent une réaction en chaîne, comme une perte douloureuse qui conduit parfois à une issue étonnamment positive. Nous ne savons pas forcément en quoi ce qui arrive maintenant a sa place dans notre avenir. « Nous ne savons pas si les choses qui nous affligent sont ou non le commencement secret de notre bonheur », écrivait Jorge Luis Borges. Nous pouvons seulement nous dire avec confiance qu'outre tout ce que nous voyons, une autre vision va surgir qui nous montrera en quoi tout cela sert à notre croissance. Une pratique spirituelle de confiance et d'ouverture est indispensable pour apprécier la synchronicité.

Il y a une synchronicité particulière à dire soudain Oui à une offre ou une expérience qu'il ne serait pas d'ordinaire dans notre caractère d'accepter. Nous brisons une inhibition ou une peur, pour nous retrouver soudain dans un monde inexploré qui nous défie et nous rend plus grands. Or, ce nouveau domaine reflète précisément nos besoins et nos souhaits les plus profonds. Un tout nouveau chapitre s'ouvre dans notre vie à cause d'un changement dû au hasard. Le Oui, à quelque chose qui aurait reçu un *non* jusque-là, a été une synchronicité en nous qui nous a fait franchir nos limites. Quelle que soit la personne qui a fait cette proposition, c'était une force adjuvante, une grâce personnifiée.

La grâce est un pouvoir plus haut que le moi à l'œuvre dans la synchronicité. Ce pouvoir semble avoir un cœur, c'est-à-dire vouloir le meilleur pour notre croissance. Cela découle du fait que les événements synchrones présentent en général les bons défis pour notre progrès personnel et celui de notre planète. Dans la mesure où tant d'événements signifiants de notre vie surviennent d'une façon non planifiée et synchrone, nous pouvons faire confiance à l'univers pour être du voyage qui nous conduit à nous aventurer au-delà des limites de notre moi contrôlant. Le présent éternel apparaît dans le présent momentané. C'est pourquoi nous pouvons dire que la synchronicité nous guide dans la spiritualité.

La synchronicité se trouve aussi dans la coïncidence entre une image qui nous a accompagnés pendant des années et un élément de notre travail sur nous-mêmes qui en est la métaphore. Tout ce qui nous a saisis et enrichis a une signification plus vaste que nous ne pouvons le deviner. Si toute ma vie j'ai été fasciné par les formes subtiles des coquillages, je peux penser qu'une leçon ou une aide physique, psychologique ou spirituelle viendra à moi précisément au moment où j'aurai besoin de la présence ou de l'image de coquillages. « J'ai dû me tenir caché dans mon âme, dit Dostoïevski, alors que je ne savais rien d'elle, et elle s'est soudain rappelée à ma mémoire quand j'en avais besoin. » Les images que nous avons regardées avec fascination sont en conséquence des forces adjuvantes. Les félicités aussi ! « Quand vous suivez votre béatitude, dit Joseph Campbell, des portes s'ouvrent là où il n'existait pas de portes auparavant. » Voilà de la synchronicité. Et quand la béatitude rencontre le talent, la synchronicité consiste à trouver sa vocation.

La citation de Dostoïevksi peut aussi évoquer le fait que nous ne voyons pas toujours qu'une activité, un apprentissage ou un projet dans lequel nous nous sommes engagés viendra plus tard à notre aide d'une façon inattendue. La synchronicité est à l'œuvre quand nos actions se révèlent des préparatifs que nous avons accomplis sans le savoir pour satisfaire un besoin futur. Ainsi, nous lisons machinalement tous les jours une affiche au travail sur les gestes à accomplir en cas d'étouffement ; puis, lors d'un dîner familial, ils nous servent soudain à empêcher notre tante de s'étrangler. Nous rejoignons un *sangha* ou groupe de foi, nous nous engageons dans des pratiques spirituelles, et quand peu après nous affrontons une crise, tout cela nous permet d'aborder au rivage sain et sauf. Nous faisons du bénévolat dans un hôpital et, quand notre époux meurt subitement, ses services sont là pour nous.

Dans la synchronicité, une coïncidence réalise une connexion signifiante entre notre vocation et notre destinée. Notre destinée est d'évoluer, de nous accomplir, de nous réaliser et de partager nos dons uniques. Certains de nos dons sont des talents, des compétences et des aptitudes psychologiques et physiques. Nos dons spirituels montrent un amour inconditionnel en voyant et en agissant avec sagesse, en apportant la guérison à nous-mêmes et au monde. Avoir des dons signifie qu'ils sont donnés. Nous recevons donc l'aide de forces adjuvantes, de grâces que le pouvoir de notre moi ne peut édifier lui-même. La synchronicité est l'une de ces forces de la grâce. C'est l'inspiration du moment, qui nous éperonne et survient juste à temps pour nous enseigner, nous faire bouger et grandir d'une façon nouvelle. La synchronicité vient aussi à son heure en ce sens qu'elle participe de la justice de l'univers évolutionnaire en nous apportant les éléments précis dont nous avons besoin pour façonner notre destinée – ou être façonnés par elle.

La synchronicité se reconnaît également quand nous regardons en arrière et remarquons comment notre vie nous a préparés ou instruits pour la meilleure réalisation de notre potentiel. Un sentiment ou une vérité cachés attendaient d'être éveillés par la bonne personne ou la bonne circonstance, parfois même de façon douloureuse. « Mes blessures font de moi un guérisseur blessé. Mon passé juif m'a conduit à agir contre les génocides partout en ce monde. Mon père qui m'a négligé m'a aidé en me formant à la vie indépendante que je mène à présent. Ma destinée se devait d'avoir précisément un tel commencement, écrit James Hillman. Cette façon de voir nous ôte le fardeau de voir nos premières années comme une erreur, et nous-mêmes comme des victimes de handicaps et de cruautés ; dans le miroir, nous ne voyons pas le gland, mais le futur chêne. »

Un côté obscur

Il y a une synchronicité négative dans des événements mondiaux qui apportent la destruction du fait d'une coïncidence dangereuse ou tragique dans le temps, dans l'espace ou dans les décisions qui ont été prises. Par exemple, l'iceberg qui a détruit le *Titanic* avait commencé à se former quinze mille ans auparavant. En 1909, alors que le navire était en cours de construction, il se détacha du Groenland et se mit à avancer vers l'Atlantique Nord. D'une façon inhabituelle, il dériva vers le sud jusqu'à la latitude de New York. En avril 1912, il croisa la route du *Titanic*, provoquant la mort de mille cinq cents passagers. Le capitaine avait décidé d'accélérer le voyage. Si le navire avait maintenu sa route initiale, il ne serait pas entré en collision avec l'iceberg, qui avançait sans destination particulière.

Deux terrifiantes synchronicités négatives sont apparues dans notre monde contemporain. Nous voyons les pays se lancer tour à tour dans des guerres et dans le terrorisme, fiers de détenir l'armement nucléaire. Ensuite, nous voyons partout une montée du fondamentalisme et du fanatisme religieux. Ces deux menaces à la stabilité de la planète semblent impossibles à stopper par les forces qui s'élèvent contre elles. On entend s'élever des voix prophétiques, mais sans croire en elles, et elles restent marginales quoi qu'il advienne. En même temps, nous constatons malgré tout une montée générale de la conscience spirituelle un peu partout dans le monde. Elle tient en partie à la synchronicité négative de l'attaque de la Chine contre le Tibet, provoquant l'exil de dizaines de moines et d'enseignants. Cela a conduit à la synchronicité positive du bouddhisme qui est venu vers l'occident avec plus de force que jamais. Les synchronicités négative et positive semblent se rencontrer, mais nous ne voyons pas encore de convergence en faveur du bon sens, de la paix et de la coopération.

Considérez un exemple plus personnel : vous rencontrez une personne qui vous fascine. Par synchronicité, vous ne cessez de vous croiser ici et là. Vous en éprouvez une grande excitation et vous supposez que c'est la force du destin. Vous pensez qu'elle est votre âme sœur, mais en réalité, elle est l'escroc qui prend tout ce que vous avez et vous laisse dépouillé de tout. Il y avait bien une connexion entre vous, mais ce n'était pas la destinée : c'était le karma. Vous l'avez rencontrée pour que cette expérience vous apprenne quelque chose sur vous-même : pour que vous appreniez à ne pas rechercher la vengeance mais à tourner la page, et bien sûr à montrer plus de prudence la prochaine fois.

Pratiquer un esprit de débutant

1. Énumérez les choses que vous découvrez sur vous-même grâce à ce livre et aux synchronicités que vous avez rencontrées dans votre vie récente. Par exemple, si vous avez subi une série de pertes, a-t-il été difficile ou non de faire le deuil et de tourner la page ? En général, quand nous sommes disposés à savoir où est notre travail, nous sommes prêts à entamer celui-ci. Le travail consiste à aborder, à traiter et, espérons-le, à résoudre ce qui est survenu. À mesure que vous avancerez dans ce livre, vous réunirez des compétences qui vous aideront dans cette entreprise. Commencez aujourd'hui en lisant votre liste à haute voix et en disant : « Oui, cela est bien arrivé. Oui, j'ai quelque chose à en apprendre. Oui, je désire rester concentré sur ce point et ressentir les sentiments qu'il m'inspire ». Même si vous n'êtes pas prêt à faire tout cela aujourd'hui, vous entamez le processus, et avoir cet esprit de débutant est déjà un succès en soi. Formez une image de votre psychologue et de votre guide intérieurs et demandez leur aide dans le projet permanent de vivre une vie de plus en plus consciente et en expansion.

2. Considérez le problème ou le symptôme qui vous bloque sur le plan physique ou émotionnel. Ce peut être une répétition synchrone qui symbolise une aspiration profonde que vous n'avez pas su reconnaître jusque-là. Écoutez-la et suivez ce qu'elle dit. Faites-le en dialoguant avec le symptôme ou le problème sous une forme écrite. Cherchez en particulier la dimension de don dans le symptôme qui vous afflige. Comme nous contenons tous les contraires apparents, il existe un noyau précieux même dans la plus dure souffrance. Ce peut être dans une leçon que vous apprenez. Ce peut être dans l'ouverture d'une nouvelle chambre de votre psyché, un nouvel

espace qui vous permet un examen plus profond de vous-même. Ce peut être dans la naissance d'une compassion pour d'autres qui souffrent comme vous.

3. Remarquez les phrases circulaires de négation de soi que vous ont répétées vos parents et que vous entendez encore dans votre tête. Remarquez celles que vous dites le plus souvent à vos enfants ou à votre partenaire. En quoi sont-elles vraies en un sens plus large que leur sens littéral ? En quoi ces verdicts dictent-ils vos choix de vie, votre façon d'être avec les autres et l'image que vous avez de vous-même ? Comment peuvent-ils être redisposés pour devenir guérisseurs ? Quels sont les « bravo ! » positifs entendus dans l'enfance et ceux que vous dites aux autres maintenant ? Lesquels, parmi les choix que vous avez faits cette semaine, sont fondés sur l'obligation ou la peur, et lesquels découlent de la félicité ?

4. Ce que vous avez voulu être toute votre vie peut être en synchronie avec ce que l'univers exige de vous pour accomplir votre heureuse destinée et avoir la capacité à donner aux autres ce que vous seul pouvez leur donner. Qu'est-ce qui vous a empêché d'aller chercher cette capacité ? Qu'est-ce qui vous a poussé vers elle ? Remerciez les gens qui vous ont encouragé à sortir de votre cocon. Autorisez-vous à ressentir de la colère envers ceux qui ont gêné l'accomplissement des objectifs de votre vie – mais sans les blâmer. Que vous coûterait-il d'abandonner le blâme et la honte et d'avancer sous votre propre bannière ? Êtes-vous en train de vous dire que c'est trop tard ? Dans ce cas, imaginez Grandma Moses à présent et dites-lui cela dans votre esprit. Elle commença à peindre à soixante-dix ans passés et mourut à cent un ans !

Tandis que je m'installe dans la réalité de la personne que je suis, fier de mes dons et plein d'une conscience sereine de mes limites, je remarque que je me sens plus léger et plus heureux.

Synchronicité et amour en miroir

> « C'est seulement dans les bras de quelqu'un que le premier "je suis" peut être prononcé, ou plutôt, hasardé. »
>
> Donald W. WINNICOTT

Une forme profondément personnelle de synchronicité est la mise en miroir dans la prime enfance. La mise en miroir est une acceptation heureuse et gracieuse d'un nourrisson par sa mère, de sorte qu'elle reflète ses besoins et y répond. Le bébé a précisément les besoins que sa mère peut satisfaire d'instinct, une forme de correspondance synchrone qui favorise notre survie. Cette mise en miroir installe un sens de soi cohérent, c'est-à-dire une identité du moi saine et fonctionnelle. Les enfants solides qui n'ont pas eu avec leurs parents une relation en miroir suffisamment bonne ont trouvé leurs propres sources de miroir chez des parents, d'autres adultes, des frères et des sœurs, etc. Plus tard dans la vie, nous recherchons cette relation en miroir chez nos amis et dans nos relations intimes.

La relation en miroir est un regard positif inconditionnel défini par ces cinq A : attention, acceptation, affection, appréciation et autorisation. Devenir parents, c'est gagner la capacité à offrir tous ces dons gratifiants. L'amour romantique rend aussi les cinq A instinctifs et faciles à donner et à recevoir. Notre estime et notre respect de soi sont issus d'un dialogue en miroir et soutenus par lui, d'abord avec nos parents, puis avec les gens que nous aimons dans la vie. Pourquoi craignons-nous à ce point l'abandon ? Parce qu'il est la privation de la relation en miroir qui est nécessaire à notre survie émotionnelle.

L'opposé des cinq A est la honte. C'est pourquoi plus nous avons honte de nous-mêmes, moins nous tendons à avoir de respect pour nous. La honte a été installée là où devait exister le respect. La honte est abandon de soi. Nous sommes blessés d'une façon qu'il nous reviendra un jour de soigner. Nous pouvons espérer que nous ressentirons de la compassion pour les mêmes blessures chez les autres. Ce sera la synchronicité de nos blessures et de notre compassion. Dans cette synchronicité psychologique, le respect de soi est la mise en miroir de soi qui conduit à aimer en retour ceux qui nous tendent ce miroir.

Certains de nos sentiments sont perçus comme dangereux pour les autres, et leurs pouvoirs de réflexion sont donc limités. Les gens peuvent par exemple refléter notre chagrin quand notre partenaire meurt ou nous quitte. Ils reflètent la tristesse, la colère et la peur immédiates que provoque le chagrin. Mais quelques mois plus tard, alors que nous plongeons dans les profondeurs bien plus menaçantes de notre peine, nous pouvons nous sentir isolés parce que personne ne veut y plonger avec nous. Seuls des amis ou des thérapeutes véritables et très solides peuvent vouloir rester éveillés avec nous dans ce jardin de souffrance. Pouvoir les enrôler dans cette entreprise de mise en miroir est la synchronicité de former des amitiés et des relations qui se révèleront un jour au moment précis où nous en aurons besoin. *Qui m'a accompagné jusqu'au fond du puits de moi-même ? L'en ai-je jamais remercié ? Ai-je été désireux de faire ce voyage avec d'autres ?*

Grâce à la mise en miroir, je parviens à me voir par le biais de l'empathie d'un autre qui vibre au diapason avec moi. Cela me donne un sentiment de validation, d'efficacité et de compétence, et mon sentiment de cohérence s'accroît. Une mise en miroir exacte des sentiments dans les premières années de la vie – et même plus tard – donne une image corporelle confortable et un solide sentiment de soi. Un sentiment de soi clair, cohésif et stable se forme ainsi à travers une série d'expériences de miroir. Ce sont là des formes subtiles de synchronicité, rendues par des mots comme *diapason*, *miroir*, *empathie*. Nous trouvons ce dont nous avons besoin chez ceux qui peuvent le fournir, et c'est là une coïncidence signifiante.

On peut résumer cette coïncidence à peu près en ces termes : « Si le lien en miroir originel fait défaut, je peux trouver les structures psychiques manquantes plus tard dans la vie, parce que la synchronicité va me conduire vers de nouvelles personnes qui m'aideront à aborder au rivage ou à reconstruire mes structures effondrées. C'est ainsi que les relations me vitalisent. Ce qui était vide est rempli ; ce qui était fragmenté est unifié ; ce qui était brisé est réparé. Le sentiment de maîtrise qui en résulte augmente aussi mon estime de soi et me donne un sentiment de continuité et de puissance. Dans le développement sain, j'accrois ma capacité à intégrer la nourriture, et elle forme dans ma psyché des structures fiables et indéracinables qui viennent remplacer celles qui manquent. L'objectif ultime des relations en miroir est de développer les compétences d'auto-mise en miroir. Nous voyons là la profondeur de l'auto-empathie synchrone qui s'élargit dans la compassion envers les autres.

Quand nous sommes reflétés sur un mode synchrone, les circuits de nos émotions se trouvent renforcés, puisque le cerveau utilise les mêmes voies pour générer une émotion et pour y réagir. Rendre une émotion réciproque, c'est renforcer la capacité de la ressentir à nouveau – et en sécurité. C'est pourquoi, une fois libres de sentir, nous pouvons sentir plus profondément pour les autres. Notre destinée bénéficie d'un coup de pouce quand nous avons reçu une bonne attention maternelle, ou quand nous avons trouvé plus tard un dialogue en miroir avec d'autres adultes. Le lien entre mère et enfant est une synchronicité de ressource et de besoin du même ordre que les liens entre amis.

L'évolution humaine personnelle s'accomplit dans la transition entre le nourrissement restreint de notre famille d'origine et le nouveau système de soutien que nous trouvons dans le vaste monde, grâce à des gens enrichissants qui sont notre nouvelle famille. Une personne saine n'est jamais dépourvue de cet ensemble de liens, qui se sont établis grâce à une série de rencontres et de relations synchrones. La santé psychologique adulte n'est pas l'indépendance mais l'interdépendance, une nouvelle satellisation de nous-mêmes autour d'individus sains qui nous offrent une relation en miroir. En général, pour atteindre ce port, il nous faut d'abord nous embarquer dans notre travail sur nous-mêmes.

Le pouvoir d'une personne à nous engager ou à nous fasciner peut tenir au cadre parfait qu'elle nous offre pour voir où se trouvent nos blessures et/ou nos potentialités. C'est là une double synchronicité. « Je peux trouver en toi des recoins dissimulés de ma maison psychique. Je peux voir les traits les plus cachés de mon propre visage que je n'ai pas voulu affronter. Certains atteignent la cible de la personne que je suis et celle de mon travail. D'autres touchent le cœur de la cible, et mon attachement augmente en conséquence. » Une libération survient quand nous ne prenons pas l'autre au sens littéral, mais comme une métaphore synchrone de notre propre passé et de nos aspirations profondément enfouies à la totalité. D'autres peuvent nous arracher à la terre, mais il nous appartient de nous relever.

Parfois, nous ne nous sentons pas soutenus par les autres. Une image tirée de la nature éclaire cette situation : des buissons d'aulnes poussent sur les rochers bordant les glaciers, hors sol. Ils se fertilisent grâce à l'azote de l'air. Chaque feuille qui tombe en automne fertilise le sol avec cet azote et constitue l'humus d'une future forêt d'aulnes. Quand notre environnement n'offre pas de nourriture, nous devons avoir cette compétence de trouver à nous satisfaire de l'air seul. Cette compétence est la grâce de la synchronicité. Emily Dickinson le décrit ainsi : « Quelque chose en nous s'ajuste avec minuit ». Notre identité même est un cycle synchrone de saisons, l'aube suivant l'obscurité, la marée haute suivant le reflux, l'arc-en-ciel venant après l'orage. Nous nous relevons après une chute : notre entreprise humaine a précisément cette élégance.

J'examine longuement et honnêtement mon enfance et les relations qui ont été importantes pour moi tout au long de ma vie, et je me demande lesquelles ont été des relations en miroir. Suis-je reflété dans ma relation actuelle ? Ai-je reflété, hier et aujourd'hui, mon/ma partenaire et d'autres ? Est-ce que je montre de l'amour par une acceptation, une affection, une attention, une appréciation inconditionnelles, tout en autorisant l'autre à être lui-même ?

Je fais un inventaire de toutes mes relations : qu'est-ce que j'apprécie en chacune d'elles ? Qu'est ce qui reste irrésolu ? Dois-je faire amende honorable auprès de quelqu'un ? Dans ce cas, je choisis de le faire si cela semble approprié et ne risque pas de lui nuire. En quoi chaque relation m'a-t-elle enseigné à aimer davantage ? En quoi chacune m'a-t-elle ouvert le cœur ? Suis-je en train de garder mon cœur fermé en ce moment même en accusant tout le monde ? Un cœur qui s'ouvre rivalise en beauté avec une fleur qui s'épanouit.

Des histoires révélatrices

La synchronicité survient dans le délicat équilibre entre effort et aspiration. Cet équilibre est particulièrement manifeste quand nous abandonnons notre attachement à des résultats et remarquons soudain l'arrivée d'une grâce sereine, comme dans cette histoire drôle :

Maria était frustrée de n'avoir pas encore rencontré l'homme de ses rêves à l'âge de trente ans. Elle demanda conseil à un prêtre sur la façon de trouver un homme bon à marier. « Votre nom vous indique quelle personne prier. C'est saint Joseph, époux de Marie et patron des femmes qui veulent trouver un bon mari. » Maria acheta une statue de saint Joseph et la pria chaque matin et chaque soir pendant trois mois sans aucun effet. Plus frustrée encore et carrément désespérée, elle s'énerva un jour et jeta la statue par la fenêtre. Quelques minutes plus tard, on frappa à sa porte, et elle trouva en l'ouvrant un homme en train de se frotter le crâne, une statue brisée à la main. C'est ainsi que Maria rencontra l'homme qu'elle allait épouser un an plus tard. Personne ne fut surpris du prénom qu'ils donnèrent à leur premier-né.

Il y a de la synchronicité dans la façon dont nos parents se sont rencontrés :

Ma mère m'a raconté comment elle avait rencontré mon père. Elle était avec Angelo depuis cinq ans, mais n'avait jamais apprécié sa façon de gagner sa vie par le jeu. Ma mère lui lança un ultimatum : trouver un travail honnête ou rompre avec elle. Elle ne sortirait plus avec lui, dit-elle, tant qu'il ne se serait pas décidé à changer de métier. Un soir qu'elle sortait avec son amie Anna de l'école où elles avaient suivi leur cours hebdomadaire de couture, elles trouvèrent Angelo qui attendait pour les ramener à la maison. Ma mère refusa de monter dans sa voiture et il les suivit en roulant au pas et en s'arrêtant à chaque carrefour pour plaider sa cause. Anna proposa qu'elles aillent au petit restaurant où son fiancé, Ralph, qui était cuisinier, allait bientôt terminer sa journée et les ramènerait à la maison. Alors qu'elles prenaient un café en l'attendant, un étranger pour elles, mais un ami de Ralph, entra et regarda ma mère avec intérêt. Il demanda à Ralph de le présenter, et c'est ainsi que mes parents se rencontrèrent.

C'est de la synchronicité quand une image qui est restée dormante dans notre imaginaire pendant des années se présente soudain à nous avec une signification qui apparaît au moment précis où elle est la plus utile :

J'ai ici en Californie un figuier devant la fenêtre de ma chambre. Un matin d'automne, voici quelques années, je fus éveillé par les corbeaux qui hantent ma cour. Ils criaient parce qu'ils ne trouvaient plus une seule figue, étant donné que j'avais cueilli les dernières la veille. Allongé dans mon lit, je me rappelai soudain quelque chose de mon enfance dans le Connecticut. Précisément à cette saison, les pères italiens de mon quartier enveloppaient de chiffons avec soin – et même avec tendresse – les branches de leurs figuiers, et couvraient les arbres avec des couvertures et du papier goudronné pour qu'ils résistent aux rigueurs de l'hiver. Je me dis spontanément : « Si seulement ils nous avaient témoigné la même attention à nous, leurs enfants ! » L'image de l'arbre enveloppé n'avait encore jamais traversé mon esprit – et encore moins sa signification.

Mon propre père, aujourd'hui décédé, partit pour la Californie quand j'avais deux ans et ne nous donna plus jamais de ses nouvelles. Ce fut moi qui retrouvai mon père et qui repris contact avec lui quand j'allai m'installer à l'ouest une fois adulte. Plus tard ce même jour, je me rappelai soudain que c'était mon père qui avait planté le figuier dans mon jardin avec des instructions détaillées sur la façon de le soigner selon la vieille tradition italienne.

Cela survint au moment où j'étais en thérapie, travaillant sur mes sentiments vis-à-vis de mon père. Cet incident me donna beaucoup à méditer pour ma séance suivante. Ce même jour, je lus que l'arbre bodhi sous lequel le Bouddha avait reçu l'illumination était un figuier.

La synchronicité apparaît quand un symbole qui a eu un sens personnel démontre – ou agit en accord avec – sa signification :

Rosalind et son fiancé avaient choisi pour elle une belle bague de fiançailles. Son gros diamant symbolisait l'inaltérable éclat de leur amour mutuel et leur engagement pour la vie. Le jour de leur mariage, ils renouvelèrent ces vœux. Mais les choses ne tournèrent pas comme ils l'espéraient et ils divorcèrent quatre ans plus tard. Le jour où le divorce fut prononcé, Rosalind sortait de chez son nouvel ami pour rentrer chez elle. Elle se trouvait sur une route sablonneuse près de la plage, et portait toujours sa bague. Du coin de l'œil, elle vit quelque chose de brillant tomber à terre, et elle sut aussitôt que c'était son diamant. Il s'était soudain délogé de son cabochon et s'était enfoncé profondément dans le sable. Rosalind le chercha longtemps, mais elle ne put jamais le retrouver.

La synchronicité est l'essence du timing, cette mystérieuse aptitude qui vient défier notre hésitation ou notre maîtrise. Elle est ce moment qui peut devenir un élan :

Irène ne parlait plus à sa sœur Betty depuis qu'elle estimait que celle-ci avait mal agi à propos du testament de leur mère. Tant que dura leur éloignement, Irène refusa tout contact avec elle, alors même que Betty avait reconnu sa trahison, regrettait de l'avoir blessée, et offrait des réparations financières et personnelles. Les amis d'Irène avaient beau l'encourager à répondre à ces offres, elle se sentait encore blessée et effondrée au plus profond d'elle-même. Elle travailla cette question en thérapie, mais en vain. Et puis un jour, alors qu'elle marchait seule le long de la plage, elle sentit soudain qu'elle laissait tomber sa douleur ; elle sut aussitôt que quelque chose dans son moi blessé avait lâché prise et que le temps était venu de reprendre contact. Elle rentra tout droit chez elle pour écrire une lettre à sa sœur, et elles eurent bientôt renoué. Irène toutefois ne regretta jamais d'être restée fidèle à son timing, quoi que les gens aient pu penser d'elle. Personne n'aurait pu la faire changer d'avis un jour plus tôt ; personne n'aurait pu l'arrêter un moment plus tard.

La synchronicité peut apparaître comme une suite d'expériences similaires qui nous montre en quoi nous nous montrons partiaux, et où peut se situer notre travail sur nous-mêmes :

En l'espace d'une semaine, Roland se trouva en pleine tempête avec les femmes de sa vie. Son amie le quitta ; sa patronne se fâcha contre lui ; sa sœur oublia son anniversaire ; deux femmes laissèrent ses messages téléphoniques sans réponse. Et tout cela arriva à un homme que sa mère n'avait cessé d'abandonner dans son enfance. Cette série de rejets et d'abandons par des femmes en un temps si court jeta Roland dans la dépression. La dépression l'adoucit et l'amena en contact avec son anima, c'est-à-dire son côté féminin. Il entreprit alors de régler ses problèmes : son abandon de son côté féminin, sa façon d'agir avec les femmes, et sa peur de montrer sa douceur. Roland répara en lui-même la perte des femmes de sa vie, et découvrit son autre côté. Cela accrut son charme auprès des femmes, qui le trouvèrent désormais plus ouvert et plus disposé à une relation profonde.

La synchronicité est le souvenir soudain d'une histoire personnelle ou d'une série d'événements qui vous révèlent à vous-même, ou qui désignent la nouvelle étape de la voie que vous envisagez d'emprunter :

Martha finit par quitter George au bout de six ans, parce qu'elle jugeait qu'il n'était pas assez impliqué dans leur relation. Un an plus tard, George se surprit à se demander s'il était vraiment taillé pour vivre une relation intime au quotidien. Il ruminait là-dessus, quand soudain toute l'histoire de ses relations défila devant lui. George fut stupéfait de réaliser, pour la première fois, que chacune de ses partenaires avait eu la même plainte que Martha : sa peur de la proximité et son besoin de toujours s'écarter davantage de sa compagne. En même temps, il put admettre qu'une relation stable n'était pas ce qu'il souhaitait réellement. Une configuration de relations légères et d'amitiés profondes semblait plus appropriée à sa personne. Il comprit peu à peu qu'il avait suivi l'idéal standard imposé par la société, plutôt que son goût personnel. George fut alors en mesure d'examiner d'autres aspects de sa vie et de se demander : « Est-ce que j'agis en accord avec ma réalité, ou suis-je juste en train de faire ce que j'ai toujours fait, ou ce que tout le monde fait, ou ce que je suis censé faire ? Cette forme de relation représente-t-elle mes besoins et mes souhaits les plus profonds ? » Le surgissement dans l'esprit de George de ces deux questions au moment même où il affrontait son dilemme était une synchronicité.

La synchronicité apparaît dans le choix de nos compagnons de vie, porteurs précisément des questions de notre enfance qui ont été laissées en suspens, pour que notre histoire non terminée accède enfin au repos :

Sharon fut élevée dans un foyer avec un père gravement maltraitant. Son message explicite et implicite était : « Tu n'as pas ce qu'il faut pour me plaire ». Quoi qu'elle pût faire, Sharon n'était jamais satisfaisante aux yeux de son père. Il dénigrait tous ses efforts pour lui plaire et il abusa d'elle physiquement et émotionnellement tout au long de son enfance orageuse et malheureuse. Pour pouvoir partir de la maison, Sharon se maria très tôt. Au bout de huit ans de mariage et deux enfants, son mari Éric entama une liaison avec Grace, une collègue de travail. Sharon en fut dévastée, mais Éric refusa de mettre fin à sa liaison ou d'entrer en thérapie pour gérer l'impact de ses actes sur sa famille. À la place, il déménagea. Le jour de son départ, Sharon lui demanda ce qu'il trouvait chez Grace qu'il ne trouvait pas en elle. Éric lui dit qu'elle pouvait faire l'amour comme il l'avait toujours souhaité, qu'elle pouvait satisfaire ses besoins avant même qu'il les ait exprimés, qu'elle savait le faire sentir jeune et désirable, et qu'elle était même meilleure ménagère que Sharon. Le son familier de ces plaintes à son propos frappa Sharon comme un coup de gong venu de l'enfer. Une fois encore, elle était incapable de plaire à un homme ! Une autre femme le pouvait, et apparemment sans effort. Sa colère contre Éric lui évita de faire ce qu'elle aurait fait auparavant : tenter d'imaginer de nouveaux moyens de lui plaire. Elle entra en thérapie de son côté et apprit à ne rien prendre de cette histoire au pied de la lettre. Il ne s'agissait pas de faire revenir Éric ou de le haïr pour ce qu'il avait fait. C'était quelque chose de bien plus profond. C'était la répétition de son propre passé, une nouvelle version de son histoire non terminée, une invitation à accomplir son travail sur elle-même et à surmonter le passé. La petite fille qui n'arrivait pas à plaire à papa eut enfin la possibilité de raconter sa honteuse histoire et d'en finir avec elle. Sharon devint plus forte au cours de l'année qui suivit, alors qu'elle exprimait enfin son chagrin des abus subis dans son enfance dévastée. Elle apprit à s'occuper d'elle et à renoncer au besoin de plaire aux hommes. La liaison d'Éric fut l'éperon qui permit à Sharon de se libérer de son passé et de son attachement à sa frustrante répétition. Grace avait en fait rendu visite à Sharon et avait ouvert la porte de sa cellule, où elle ne serait plus jamais enfermée par aucun homme.

CHAPITRE III

Notre moi et ses coïncidences

> « La personne véritable n'est pas une entité isolée, son individualité est universelle. Elle individualise l'univers [...] elle individualise la transcendance divine. »
>
> Sri AUROBINDO

Notre vie intérieure est un mystère, mais certaines métaphores peuvent nous aider à comprendre son fonctionnement. *Ego*, le mot latin pour « moi », désigne le centre de notre vie rationnelle consciente. Le moi est fonctionnel et sain quand il nous aide à réaliser les trois principaux objectifs de notre vie : le bonheur et la sérénité en nous, l'efficacité dans nos tâches, et des relations gratifiantes. Notre vie rationnelle consciente devient alors une ressource pour notre santé mentale et notre bonheur.

Le moi devient dysfonctionnel/névrosé quand il nous distrait de nos objectifs ou les sabote. Derrière chaque névrose, il y a une peur ou un désir que nous n'avons jamais abordé ni résolu. Être « névrosé », c'est être prisonnier d'une vaine répétition de stratégies archaïques de protection contre des menaces qui n'en sont plus vraiment. Nous répétons également de vieilles habitudes d'envie qui n'aboutissent à aucune satisfaction. C'est pourquoi Jung définit la névrose comme « une défaite par l'irréel ». Nous savons que nous nous intégrons efficacement et que nous sommes sur une voie spirituelle valable quand nous devenons plus fonctionnels dans notre vie quotidienne.

Le Soi est le centre et la circonférence de toute la psyché qui inclut le moi. Il est une source spirituelle, tout comme un moi sain peut être une ressource psychologique. C'est pourquoi Jung a appelé le Soi « l'archétype divin » en nous. Les trois qualités du Soi – l'amour inconditionnel, la sagesse et le pouvoir guérisseur – reflètent les attributs de la divinité dans les religions du monde. Nous parlons de Dieu comme amour, et du Saint-Esprit comme d'une sagesse dotée de pouvoirs de guérison miraculeux. Être fait à cette image, c'est être certain de la présence de ces dons en nous. Notre travail consiste à les faire s'épanouir pour que la destinée du Soi s'accomplisse à travers nous. Cette destinée est la même chez tous les êtres, mais chacun y contribue à sa façon. Des pratiques spirituelles comme la douceur aimante sont là pour nous aider à exprimer dans notre vie les trois potentiels éternels. C'est précisément sur ce mode que le moi aspire à entrer au service du Soi, mais il craint par-dessus tout d'y perdre son autonomie. C'est pourquoi abandonner la peur est une pratique spirituelle.

Le Soi est un champ de gravité interne parfois conscient et parfois inconscient. Jung a montré que notre inconscient est à la fois personnel : il contient l'album de famille de nos propres souvenirs – et cosmique : il contient les souvenirs mythiques de l'humanité. Cet inconscient collectif, dit-il, « contient tout l'héritage spirituel de l'évolution de l'humanité, qui renaît dans la structure mentale de chaque individu ».

Notre moi est en nous ; et nous sommes dans le Soi. Le moi est visible dans notre personnalité et porte notre nom. Le Soi n'est pas limité par la personnalité individuelle et n'a pas de nom. C'est la même réalité trinitaire en chacun de nous : l'amour inconditionnel, la sagesse éternelle et le pouvoir de nous guérir et de guérir les autres. Le Soi est médié dans le monde par notre corps/notre moi. Nous pourrions dire que le moi est notre capacité d'accéder à la lumière, et que le Soi *est* la lumière. Une fois que nous activons nos capacités, le moi devient une incarnation de la lumière du Soi.

La sagesse n'est pas un corpus de vérités. C'est un état de l'être où la vérité devient accessible en nous et active à travers nous. L'esprit qui transcende le moi se rapproche de plus en plus de la lumière. À mesure que nous accédons à nos pouvoirs, notre corps est de moins en moins un mulet qui nous porte, un piédestal pour notre moi, ou un pur cerveau. Notre corps et toutes les choses sont composés de lumière condensée, continuellement en mouvement, au rythme harmonieux, toujours déjà uni par un amour immortel (non né/re-né). « Les choses perdent de leur fermeté. Même mon corps désormais laisse passer la lumière », écrit Virginia Woolf.

Notre entreprise humaine, l'individuation, consiste à trouver un équilibre, un axe, entre le moi et le Soi. Le moi – notre vie et nos choix conscients – et le Soi – le potentiel que nous possédons d'accéder au tout – cherchent à se rejoindre dans cet axe du tout. L'obstacle sur notre route est la peur qu'éprouve notre moi de perdre son contrôle et son identité. L'axe moi/Soi est la plus grande de toutes les coïncidences : c'est par lui en effet que nous libérons les pouvoirs du Soi du carcan de notre moi borné et effrayé, pour les laisser se répandre dans le monde. Tel est l'accomplissement de notre objectif humain. Nous naissons avec davantage de potentiels que de réalisations. Notre tâche consiste tout au long de notre vie à activer nos potentiels, à les rendre conscients et à les articuler. Il y a une synchronicité dans cette tâche, car tandis que nous travaillons à l'objectif de vie, qui est l'axe moi-Soi, le Soi avance vers nous avec le même objectif. « La conscience est comme un feu de camp dans une Australie obscure », dit l'astronome Tim Ferris. La spiritualité nous embrase pour que cette chose délicate et merveilleuse puisse s'allumer en nous et dans notre monde.

Notre travail psychologique consiste à façonner notre moi d'une manière telle qu'il fonctionne sans inhibitions ni compulsions. Alors nos dons et nos talents innés peuvent entrer au service du Soi et réquisitionner nos pensées, nos paroles et nos actes pour montrer tout l'amour, la sagesse et le pouvoir de guérison dont nous sommes capables au cours de notre vie. Le moi névrosé fait obstacle à ce travail par son préjugé que nous sommes séparés, que nous possédons le contrôle et que nous n'avons pas besoin d'humilité. « Votre choix d'utiliser ce dispositif [le moi] lui *permet* de résister », dit Helen Schucman dans *Un cours en miracles*. Notre travail psychologique consiste à démanteler notre moi névrosé en faveur de notre moi fonctionnel. Notre moi devient fonctionnel quand il nous guide sur notre voie. Si je veux aller au nord, mon corps est fonctionnel quand je marche en direction du nord. Si je marche vers le sud pour aller au nord, quelque chose est devenu dysfonctionnel, c'est-à-dire névrotique, fondé sur une illusion. Le moi fonctionnel est le meilleur véhicule pour l'émergence du Soi, mais par la grâce, le moi névrotique peut lui aussi être mis au pas.

Saint Jean de la Croix a écrit : « Durement, sans que rien en moi ne soit épargné, je suis entièrement mis à nu. » La croissance spirituelle passe nécessairement par la complète dissolution du moi boursouflé. Pas question ici de se contenter de demi-mesures ! La boursouflure est l'habitude de penser et d'agir comme si le but de la vie était sa propre grandeur et la satisfaction de ses propres droits. Agir ainsi, c'est ne s'intéresser qu'à ses propres besoins, exiger d'avoir le contrôle, croire que tous les autres sont à notre service et que les conditions d'existence ordinaires sont abrogées ou assouplies pour cet être spécial : nous-même. « L'enfer est enfermé dans le moi », dit Joseph Campbell. Il entend par là le moi névrosé avec son attachement à la peur et à l'avidité. Les relations intimes nous aident en général à détruire les illusions de notre moi contrôlant et sûr de ses droits. Elles nous montrent ces faux droits du moi comme des fictions, qui s'évanouissent face à la douceur aimante envers toute chose.

Le côté névrosé du moi n'est pas fait pour être détruit mais, paradoxalement, pour être élargi dans sa saine humilité, afin qu'il étende ses possibilités créatives à la totalité de notre psyché. Nous le libérons en le soulageant de son arrogance, puis en l'ouvrant à son potentiel de montrer du pouvoir *pour* les autres plutôt que *sur* eux. Nous avons le même potentiel à apporter la paix dans le monde et dans nos relations. Un héros est quelqu'un qui survit à la douleur de ce processus et est donc transformé par lui. Cette transformation nous révèle à nous-mêmes, à la fois singulier et ne faisant qu'un avec tout ce qui est : « Toutes les terres de lotus et tous les bouddhas sont révélés par mon être propre », dit l'*Avatamsaka Sutra*.

Notre psyché est poussée vers le tout par un élan spontané, et elle lutte donc pour harmoniser des contraires apparents : le conscient et l'inconscient, le moi et le Soi. C'est à nous qu'il appartient de poursuivre ce processus ou de le laisser sombrer. Notre aspiration à la vie pourrait s'exprimer ainsi : « Je sens un instinct familier qui me pousse vers le tout. Je fais ce qu'il faut pour briser le charme du moi. »

Notre moi fonctionnel s'adapte au monde extérieur par un comportement socialisé et extraverti (médié par notre persona, l'apparence que nous présentons aux autres). Il s'adapte au monde intérieur par l'introversion (médiée par notre ombre, ce côté sombre que nous cachons aux autres et à nous-mêmes). Notre moi devient plus fonctionnel lorsqu'il cesse de s'identifier à un attachement exclusif à notre persona, lorsqu'il reprend les projections de notre ombre et redécouvre notre corps comme un outil légitime et utile dans l'aventure de vivre.

L'ombre est cette partie de nous qui est dissimulée et inconsciente. Notre ombre négative contient tout ce que nous trouvons inacceptable sur nous et que nous laissons dans le déni. Nous détestons alors ce que nous refusons de voir en nous. Notre ombre positive détient notre potentiel non dévoilé. Nous admirons chez les autres ce qui est enfoui et désactivé chez nous. La synchronicité, la coïncidence signifiante, surgit quand nous rencontrons précisément les gens qui activent les dons de notre ombre positive et les traits de caractère de notre ombre négative. Une forte détestation et une grande admiration sont des projections que nous pouvons revendiquer, et dont nous avons besoin sur un mode synchronique pour avoir le sentiment du tout.

Notre tâche consiste à retourner à la source en utilisant des ressources du moi sain. La source est en nous. C'est le Soi au-delà du moi avide, une nature illuminée qui est parfaite en essence mais imparfaitement exposée dans l'existence quotidienne. Je peux trouver une abeille parfaite, mais je ne peux pas trouver un moi parfait. Une abeille est parfaite sans effort. Je dois travailler à être la personne que je peux être, et tout ce que je suis déjà.

Le moi sain (Ressources) :	*Le Soi spirituel* (La source) :
Observer	Amour inconditionnel
Évaluer	Sagesse éternelle
Agir en accord avec des objectifs	Pouvoir de guérison
Faire des choix qui reflètent nos désirs et nos besoins les plus profonds	

Pratiquer l'abandon de notre moi

L'éveil spirituel implique de conserver un moi sain et d'abandonner le moi boursouflé (névrosé), dont les comportements sont énumérés ci-dessous. Notez ceux qui s'appliquent à vous :

Je deviens enragé, méprisant et vindicatif quand je suis abaissé, surpris à me tromper, ou surpassé (même dans les jeux et les sports).

Je dois absolument gagner. Je ne peux pas être deuxième et je ne serai pas dernier.

Je dois à toute force avoir raison, être remarqué et apprécié.

Je réagis avec excès à la moindre offense.

Je garde rancune quand on me contrarie, et je dois toujours régler mes comptes.

Je n'entends ni pardonner ni oublier.

Je tiens à ce que les choses se fassent à ma façon.

J'ai du mal à accepter la souplesse et le compromis.

Je suis contrôlant, exigeant et manipulateur.

J'agis selon un modèle hiérarchique (et non coopératif) de domination.
J'exige qu'on apprécie à leur juste valeur tous mes hauts faits.
Je dois être excusé pour chaque méfait, déniant ou justifiant mon comportement, ce qui efface tout besoin de faire amende honorable.
Je ne peux pas être critiqué, ni même entendre des commentaires, sans être aussitôt sur la défensive ou me montrer agressif.
Je ne peux pas perdre la face, c'est-à-dire perdre mon moi, et je ne peux pas non plus m'excuser.
Je dois toujours m'en sortir avec les honneurs.
J'estime avoir le droit d'être exempté des conditions de la vie ordinaire.
J'exige de l'amour, du respect et de la loyauté quoi qu'il advienne.
Je dois toujours remettre les compteurs à zéro et ne rien devoir à personne.
Je ne peux pas montrer que j'ai besoin des autres ou que je suis dépendant d'eux d'une façon quelconque.
Les représailles sont mon sport favori.

Remarquez le caractère compulsif, agressif – et douloureux – de toutes ces affirmations. Le style de vie du moi boursouflé est compulsif, puisque nous *devons* agir ainsi sous peine de perdre le contrôle ou le rang auquel nous estimons avoir droit, même au prix de notre propre paix d'esprit. En fait, il n'y a pas de paix quand le moi règne. Il est agressif à cause de son atttitude de « moi d'abord » et de son caractère vengeur et punitif. Il est douloureux parce qu'une personne ayant un moi névrosé est remplie de peur et d'angoisse à l'idée de perdre la face, et parce qu'elle voit bien que si elle peut gagner, elle n'est certainement pas aimée. Dans un travail où elle jouit d'une autorité même minime, elle exige une adhésion stricte aux règles qu'elle impose aux autres et punit sévèrement ceux qui défient son autorité.

Posez-vous cette question : mon moi se confond-il avec la confiance en soi ?

« Je ne renonce pas. »

« Je garde ma parole. »

« J'ai dit que je le ferais et je le ferai. »

Ce peut être de la confiance en soi *ou* l'expression du moi. Ce sont des exemples de confiance en soi quand nous les appliquons avec souplesse et en fonction des circonstances. Ce sont des manifestations du moi quand elles sont unilatérales, centrées sur le moi et conçues pour établir et maintenir une persona arrogante. Comment ces préceptes prennent-ils une telle importance dans ma vie ?

On voit un exemple de la capacité du moi à soutenir sa rage et son indignation chez un homme divorcé qui enlève ses enfants et les soustrait à leur mère pendant des années. Ou encore, chez quelqu'un qui refuse de parler à un ami pendant des années si celui-ci l'a offensé à une seule occasion. Un affront, même involontaire, peut laisser le moi furieux et mal intentionné pendant une vie entière. L'essence du moi névrosé est la terreur de devoir affronter les conditions de l'existence sans avoir de contrôle sur elles et sans s'en trouver exempté. Dans les relations saines, nous renonçons à la maîtrise du moi en faveur de l'égalité. Le sentiment de nos droits fait place à la demande de ce que nous voulons, tout en comprenant qu'il est possible que nous ne puissions pas l'obtenir. Notre indignation (la colère du moi) apparaît alors comme de la tristesse de ne pas avoir été aimé comme nous voulions l'être et, paradoxalement, nous devenons beaucoup plus aimable.

Voici quelques formules pour vous aider à modifier les compulsions de votre moi. Pensez-les comme des buts auxquels vous aspirez, et elles deviendront des éléments de votre pratique spirituelle :

J'arrête de contrôler et de manipuler les autres.
Je suis ouvert à la reconnaissance, à la compréhension et à l'amour, et je renonce à mes exigences.
Je reconnais mes torts et je fais amende honorable.
J'invite les autres à me rappeler à l'ordre quand je suis en faute.
J'accepte le fait que je ne gagne pas toujours.
Je demande ce que je veux sans l'exiger, et je peux accepter un « non » comme une réponse.
Je suis pleinement responsable de mon comportement et de ma situation.
J'aime, je respecte et j'essaie de comprendre les autres.
J'abandonne le désir ou le projet de punir ou de blesser les autres.
J'abandonne le désir et le projet de me venger.
Je deviens plus fidèle à mon Soi supérieur, où abonde l'amour inconditionnel.
À mesure que je laisse se dissoudre les pulsions de mon moi, je découvre mon Soi indestructible.

Remarquez la douceur généreuse de toutes ces affirmations ! Montrez cette section pratique à trois personnes : votre autre signifiant ou votre meilleur(e) ami(e), la personne qui vous critique le plus, et un membre de votre famille. Demandez-leur quelles propositions semblent s'appliquer à vous. Remerciez-les ensuite sans provoquer aucune dispute. L'humilité sans humiliation est la meilleure voie pour abandonner l'arrogance du moi.

Perdre / sauver la face

Le moi est boursouflé quand son principal souci est de sauver la face, qui consiste en peur, en attachement, en contrôle et en sentiment de son bon droit. Le moi ne connaît pas son prénom, la peur, seulement son nom de famille, le bon droit. Être pris dans les rigidités du moi arrogant, c'est vivre dans la peur. La transformation, c'est ne plus seulement laisser l'amour vous pénétrer, mais aussi vous traverser. Cela peut survenir parce que l'amour se tenait depuis toujours derrière notre peur, attendant sa chance de franchir ce mur pour se répandre à travers nous en direction des autres. Nous offrons au Soi cette chance quand nous renonçons au moi. C'est ce que l'on entend en disant que la spiritualité et la compassion commencent par le démantèlement du moi. La sagesse/la compassion signifie que nous avons fini par percer à jour notre habitude de nous faire passer en premier et de nous accorder une importance démesurée. Quand nous mesurons combien nous gaspillons d'énergie créative à sauver la face, nous remarquons que les autres s'obstinent à faire de même, et la compassion surgit.

Il semble assez sain de ne pas trop se soucier de l'opinion que les autres ont de nous. Dire que l'on ne se soucie pas des opinions et des réactions des autres ne veut pas dire que l'on ne se soucie pas d'eux. Cela veut dire que nous avons un centre immuable très précieux que personne ne peut supplanter, et qui n'a besoin d'être renforcé par personne. Se délivrer de la peur et de l'envie permet de poser des limites saines autour du noyau de l'âme. Un moi sain veille à bien préserver ces limites.

Il s'en suit que les gens et les événements qui défient et dégonflent notre moi sont des forces adjuvantes dans notre voyage vers la plus grande synchronicité de l'accomplissement humain : l'axe moi/Soi, le but de notre vie. Chaque force adjuvante qui surgit par une série de coïncidences signifiantes est une personnification de la grâce. Les ennemis du moi sont les amis du Soi. Nous pourrions le dire ainsi : « La femme qui m'a trahi, le patron qui m'a licencié, le fils qui s'est retourné contre moi, l'ami qui m'a fait remarquer mon égoïsme, le professeur qui m'a montré combien j'avais encore à apprendre ont tous été des acteurs de la touchante histoire de ma libération du moi. Chacun m'a aidé en m'offrant l'opportunité d'abandonner la proclamation arrogante de mes droits en faveur de l'humilité et de la vulnérabilité, les deux antichambres de la salle du trône de l'amour, le véritable pouvoir régnant sur ma vie. Que les gens dont j'avais besoin soient apparus précisément au bon moment et au bon endroit est une stupéfiante synchronicité. »

Les forces affligeantes pour nous ont été les gens et les institutions qui, poussés par la peur, nous ont imposé des restrictions et des obligations rigides, qui nous ont contraints à nous limiter sans pourtant nous protéger. Ils ont été des *gardes empêchant* notre liberté. Les forces adjuvantes sont celles qui nous ont offert de la flexibilité et de la liberté pour vivre et faire des expériences. Elles ont été les *gardiennes de* notre liberté. Quelle personne vous vient à l'esprit et quels ont été les événements synchrones qui vous ont permis de la rencontrer ?

L'énergie du guerrier spirituel appliquée à la destruction du moi prend deux formes : s'accrocher et laisser aller/laisser vivre. Le travail du guerrier s'accomplit par l'autodiscipline, qui est au fond une forme saine d'amour de soi. « Ce n'est pas le déni de moi-même, mais du moi, qui me barre le chemin », dit W.H. Auden. Le travail du guerrier spirituel s'accomplit aussi en restant simplement assis, en laissant vivre. La synchronicité nous indique précisément quand nous accrocher et quand renoncer : une série de pertes nous invite à renoncer ; une série d'opportunités nous encourage à tenir bon. Un ours sait quand il faut se battre et griffer pour obtenir ce qu'il veut, et quand il est bon de se coucher et de laisser la nature suivre son cours somnolent. Il fait par instinct naturel ce que nous faisons par une attention spirituelle à la synchronicité. Considérez la métaphore de l'hibernation. L'ours entre dans une grotte qu'il s'est creusée, où il va rester plusieurs mois sans manger ni boire, puisqu'il survit sur ses propres réserves, recyclant même ses propres déchets. Il se réveille en ayant perdu 25 % du poids qu'il avait à l'automne. Puis-je laisser autant de mon moi disparaître ? Ou vais-je préférer rester sur mes gardes, garder le contrôle et refuser de jamais m'allonger ?

Le professeur tibétain Chögyam Trungpa enseigne qu'il y a en nous quelque chose de sain et d'éveillé qui reste fermé quand nous luttons à travers nos drames pour tenir la position de notre moi. Ce quelque chose de sain et d'éveillé est la fonction transcendante de la psyché qui trouve toujours une alternative guérisseuse sous la forme d'une image ou d'une voie qui coupe à travers tous nos dilemmes. Elle nous réconforte et nous montre nos ressources intérieures. Elle vient à la vie dans les moments de pause entre nos luttes. Nous faisons une pause pour prendre le temps de nous asseoir dans ce qui est. C'est ainsi que Bouddha s'asseyait. Nous surévaluons souvent le point de vue consensuel qui confirme les habitudes de notre moi, et nous rejetons donc systématiquement ces écarts, ou nous refusons carrément de les voir. Les mouvements libérateurs surviennent quand un modèle habituel s'interrompt en faveur de quelque chose de totalement nouveau, quand une faille apparaît dans la même vieille histoire du moi.

Le *Tao Te King* définit par un paradoxe ce voyage d'humilité à travers le moi : « Atteindre le sommet du vide. » Quand nous acceptons de nous vider de notre moi, disent les taoïstes, nous tombons sur « un mystérieux passage à travers des montagnes apparemment impénétrables ». Ce passage s'ouvre au milieu d'un amas de rochers. Il apparaît là où cessent les pensées, les fantasmes, les peurs et les désirs. C'est la pause entre le stimulus et la réponse, le lieu exact où réside la liberté. C'est la pause entre nos intrigues pleines de drame, cet endroit où nous devenons des témoins justes et alertes, et où une sereine santé mentale apparaît en nous. Cette pause/cette passe est l'espace de l'âme entre le moi et le Soi. C'est le cœur de nous-mêmes et l'âme de l'univers, enfin reconnus comme l'unique et le même. En d'autres termes, c'est le point auquel nous devenons et sommes la synchronicité. « Une fois la Voie réalisée, il n'y a pas d'endroit qui ne soit le mystérieux passage », dit le taoïste Ho Yang.

La route est pleine de dangers, parce que nous sommes impliqués dans un rite de passage du moi/de la persona extérieure vers le Soi intérieur, de la périphérie vers le centre du mandala du tout, du profane au sacré, de l'éphémère à l'éternel, du mortel à l'immortel, de ce qui est séparé à ce qui est uni. L'immortalité désigne un état au-delà des limites du moi et des conditions de notre existence. Pour atteindre ce centre, il faut passer par l'équivalent de la mort du moi. C'est une consécration et une initiation dans le sacré, la découverte de sa propre spiritualité. C'est la réponse ultime à la question : « Pourquoi suis-je ici ? » Je suis ici pour accomplir ma destinée « sur la terre comme au ciel ». Cela semble banal à première vue, mais examinons cette déclaration de plus près :

« Sur la terre » est la métaphore de notre travail psychologique consistant à construire un moi sain qui sera un instrument adéquat pour notre travail spirituel. « Au ciel » est la métaphore du travail spirituel consistant à libérer l'amour inconditionnel, la sagesse universelle et le pouvoir de guérison dans le monde. Considérez maintenant ce petit mot qui forme une passerelle entre les deux : « comme ». Quand je dis Oui à ce « comme », je crée le pont entre le ciel et la terre, entre mon travail psychologique et spirituel, entre la mortalité de mon moi et mon immortelle destinée.

Le moi/ le Soi en un coup d'œil

Le Soi est le noyau de notre être même. Nous utilisons la majuscule pour distinguer le Soi archétypal, une antique énergie collective dans la psyché, du soi sans majuscule qui désigne le moi ou la persona.

Notre Soi est essentiel, il est ce qui est permanent et indestructible en nous.

Le moi est existentiel, changeant en fonction des exigences, des peurs ou des désirs du moment. Il prend la forme de l'action.

Notre destinée est d'exprimer sur un mode existentiel ce qui est en nous sur un mode essentiel. Il s'agit de laisser passer la lumière du Soi à travers les blessures et les ouvertures du moi dans le monde. Notre travail consiste à montrer dans les actes et les choix de notre moi le dessein éternel du Soi : amour, sagesse, guérison. Ce projet d'incarnation est ce que l'on entend par « axe du moi et du Soi ».

Il y a une synchronicité essentielle dans cette aptitude à l'axe (l'individuation) de notre psyché. La synchronicité existentielle apparaît au moment où nous lançons ou renforçons le travail de l'axe. La synchronicité essentielle est dans l'éternelle harmonie du moi/Soi et âme/univers. C'est l'harmonie que nous découvrons dans la méditation. La synchronicité existentielle se trouve dans les coïncidences signifiantes qui désignent sa voie à notre moi. Nous la remarquons par une attention consciente à notre processus vital.

Faire des choix libérés du moi

Les messages de la synchronicité se font plus bruyants à mesure que nous y prêtons mieux l'oreille – de même que nous avons plus de chances de recevoir des lettres d'une personne qui sait que nous les lisons et y répondons régulièrement. La compétence psychique est la capacité à lire ces messages ; la spiritualité est le choix d'y répondre. Comment ces messages nous parviennent-ils ? Ils peuvent nous arriver sous la forme de synchronicités, de rêves, d'intuitions, de projections, de phénomènes et de lectures psychiques, de guides intérieurs, d'événements qui nous dépassent, de visions, de pouvoirs spontanés soudains, de sensations de déjà-vu, de réalisations religieuses ou mystiques, de la méditation/contemplation, d'un élan venu de l'art ou de la beauté, ou de l'imagination active.

Les choix spirituels consistent à prêter l'oreille et à dire Oui à ces messages. Dire Oui, c'est laisser le Soi prendre la préséance sur le moi. La face du moi change : la peur devient de l'amour. L'attachement devient renoncement. Le contrôle devient autorisation et reconnaissance de la liberté des autres. Le sentiment de nos droits devient l'art de défendre nos droits sans exercer de représailles s'ils ne sont pas respectés. Ces transformations font de nous une personne inconditionnellement aimante, un sage et une source de guérison – autant de qualités du Soi.

Un choix spirituel a donc deux caractères principaux. Il exprime l'amour inconditionnel/universel, la sagesse éternelle et le pouvoir de guérison, et il émane d'un Oui inconditionnel aux conditions de l'existence. Il inclut la conscience du caractère amical de la psyché et de la matière et la confiance en lui. Le transcendant ayant pénétré le temporel, la conscience est désormais indivisible. Les événements matériels et les réalités tangibles déclarent les conditions de la conscience cosmique.

Un choix spirituel honore des rythmes intérieurs qui ne correspondent pas toujours aux choix conventionnels classiques : « Il y a des vagues qui marquent une vie, des conclusions qui n'ont rien à voir avec les événements », écrit Virginia Woolf dans son *Journal*. La conscience de nos messages spirituels personnels nous aide à chevaucher les vagues au lieu de nous noyer au milieu (en intégrant à l'excès les stimuli extérieurs) ou de courir pour leur échapper (en n'intégrant pas suffisamment les stimuli extérieurs). *Qu'est-ce qui en moi est toujours resté plein de sens à travers toutes les vicissitudes de ma vie ? C'est cela qui m'a nourri.*

Comment savoir quels messages sont issus du Soi intérieur et lesquels sont de simples fictions du moi ? D'abord, les véritables messages semblent si forts et si réels qu'ils donnent l'impression qu'ils ne pourraient pas être différents. Nous avons la certitude intuitive qu'ils sont authentiques. Ensuite, les messages authentiques arrivent par de multiples voies : non seulement dans la synchronicité, mais aussi dans les rêves, les intuitions, etc. Troisièmement, un véritable message résiste aux tentatives du moi de l'écarter. Enfin, les messages authentiques nous poussent en direction de l'amour, de la sagesse et du soin. Ils n'encouragent jamais les objectifs autocentrés du moi.

Quand nous choisissons d'avoir recours à l'astrologie ou à d'autres modes de divination, cherchons-nous la sagesse sur notre voie spirituelle, ou un conseil sur nos investissements ? L'oracle d'Apollon à Delphes disparut à l'époque chrétienne. Il était tombé en désuétude et avait perdu ses pouvoirs sacrés. Les gens lui posaient des questions issues du moi – « comment posséder davantage ? » – au lieu de l'interroger sur les moyens de dépasser leur destin. Il n'y avait plus de place pour la sagesse oraculaire, qui disparut donc sans bruit quand l'empereur y mit fin. La sagesse oraculaire peut être démolie en nous quand l'ambition du moi écrase l'esprit d'une intention transcendante.

Un bon choix spirituel trouve une résonance dans la nature. « Les mouvements voisins de ceux de notre part divine sont les orbites de l'univers. Chacun peut les suivre, corrigeant dans son cerveau les circuits qui étaient détraqués à la naissance. Nous devons apprendre les harmonies de l'univers. » Baudelaire ajoute : « La Nature est un temple où de vivants piliers / Laissent parfois sortir de confuses paroles ; / L'homme y passe à travers des forêts de symboles / Qui l'observent avec des regards familiers. » Il est logique pour nous de prendre des leçons de la nature, puisque nous en faisons partie et que les enfants ressemblent à leur mère. Permettre des saisons d'épanouissement et de déclin, accueillir des conditions et des modèles changeants, hiberner dans certaines saisons et s'activer dans d'autres, vivre et être prêt à mourir, telles sont les leçons et les lésions de la nature. Reconnaître qu'elles s'appliquent à nous, c'est se joindre à leurs cycles célébrant le renouveau. C'est un alignement conscient sur la synchronicité de la nature. Notre interprétation est juste quand elle conduit à un Oui !

J'ai vu un jour à Patrick's Point, à Humbolt, en Californie, une inscription ainsi rédigée : « Inexorablement, les vagues roulent, s'élèvent, se brisent en crêtes écumeuses et plongent sur le rivage. Les vagues naissent quand les vents créent une friction avec la surface de la mer et lui infusent son énergie. Tandis que les vagues approchent du rivage, la force montant du fond de l'océan les élève en crêtes, puis en brisants. Les vagues libèrent une énorme énergie quand elles s'écrasent sur le rivage. Toute vie se trouvant sur le passage des déferlantes doit savoir se cacher ou s'accrocher pour se sauver. »

Une simple coïncidence : le moi filou

> « Un pouvoir plus grand que le nôtre a réduit à néant nos intentions. »
>
> William SHAKESPEARE,
> *Roméo et Juliette*

Dans *Tom et Jerry*, la petite souris Jerry est plus maligne que Tom, le grand chat. L'humour tient dans l'inversion de l'arrangement classique de la nature. Nous voyons cette même inversion dans *Le Magicien d'Oz* : la petite Dorothy tue la puissante sorcière. Dans le mystère de Noël, un bébé nu intimide le puissant roi Hérode. Les personnages les plus faibles ne cessent d'abaisser les plus puissants. Le filou en est l'archétype. Nous avons tous remarqué ces personnes et ces événements qui reviennent sans cesse abaisser l'arrogance de notre moi, nous montrer le peu de contrôle que nous avons en réalité, nous dépouiller de nos droits imaginaires et brouiller nos plans les mieux organisés. Ces gens et ces événements sont autant de visites de filous, ces forces adjuvantes sur notre chemin.

Le filou est l'expert en démolition du moi qui nous aide à nous montrer plus réalistes sur nos limites psychologiques et, finalement, sur notre absence de limite spirituelle. Il nous mène aux carrefours où nous sommes dupés pour trouver notre totalité. C'est une énergie en nous-mêmes et dans l'univers qui nous rend humbles, qui renverse notre moi, bouleverse nos plans, nous démontre à quel point nos souhaits comptent peu, et dissout les formes qui ont cessé de nous servir, même si nous tentons de nous accrocher à elles pour sauver notre vie. Le confort et la routine sont les deux ennemis jurés de notre énergie vitale, et le filou combat ces ennemis en notre nom. Ses visites peuvent nous apparaître comme des fléaux, mais ce sont en réalité des dons à long terme.

Le filou est la personnification mythique de la synchronicité. Nous possédons tous un instinct qui nous pousse à consolider l'axe entre le moi et le Soi. Il faut pour cela dégonfler notre moi, et le filou est l'archétype de cette déflation. Le filou dans les relations est cet homme qui vous a trompée, cette femme qui vous a trahi, ce partenaire prédateur qui s'est servi de vous, cet avocat véreux qui vous a pris votre argent, etc. Dans chaque exemple, quelqu'un, quelque chose ou un événement quelconque a mis votre vie sens dessus dessous, vous a montré que vous étiez vulnérable et pas aussi bon que vous le prétendiez. La peur et le désir sont l'ordinaire du filou, les outils grossiers qu'il utilise pour montrer au moi son inadéquation.

L'humour, l'ironie et le paradoxe sont les outils de transformation les plus doux du filou, la source transpersonnelle de l'esprit. Un joli visage peut être le filou ; l'alcool et la cocaïne sont le filou ; l'attachement sentimental est le filou ; le pénis est résolument un filou. Toutes ces choses peuvent absorber notre énergie, diriger nos choix, nous faire commettre des erreurs, et nous conduire à une dépendance désespérée et un comportement hors de contrôle. Nous sommes induits à croire que tout cela peut nous garantir un bonheur permanent ou accroître notre stature personnelle. En effet, le filou fait les mêmes promesses dont Adam et Ève ont été victimes au tout début de l'entreprise humaine.

Le filou est l'archétype de la synchronicité, de l'illusion et de l'ambiguïté. Il nous contraint par ruse à sortir du *statu quo*, à travers des événements turbulents qui semblent d'abord négatifs mais se révèlent ensuite positifs, ou qui semblent d'abord positifs avant de se révéler négatifs. L'archétype du filou est la réponse de la psyché à l'oppression et aux idées de grandeur. Sans peur et sans compromis, il dévoile la prétention et la grandiloquence chaque fois que nous tombons entre leurs griffes. Le joker ou le fou remplissaient cette fonction auprès du roi dans les cours médiévales. Mais le roi, lui, choisissait d'être en compagnie du fou, alors que nous le rencontrons sans même le savoir, sans préparation et sans suspicion.

Les contraires sont disposés dans la psyché comme des complémentaires, parce que la psyché réconcilie alors que le moi cherche à diviser. Nous possédons tous à la fois de l'arrogance et de l'humilité. Une force intérieure du Soi veut réconcilier ces polarités. Quand nous sommes trop arrogants, le filou peut nous rendre plus humbles. Il rend consciente et visible notre humilité cachée. Ensuite, notre arrogance apaisée apparaît comme une saine estime de soi. C'est ainsi que les contraires se réconcilient sous forme de complémentaires. Le filou nourrit cette totalité en dépit des objections ou de la résistance de notre moi. Il ne laissera pas prospérer un seul côté, mais fera en sorte que notre autre côté ait sa chance d'émerger. Les égoïstes peuvent être contraints par une crise à lâcher leur ego ; les machos peuvent être contraints à la tendresse. De grosses légumes peuvent être forcées d'en rabattre. Le tout, qui est le contraire du partial et de l'univoque, débarque souvent dans notre vie sans y être invité. Le filou est son escorte, cruel pour pouvoir être bon.

Le personnage du filou dupe et est dupé, s'empêtre dans les ennuis et s'en sort, fait alterner chance et malchance, montre au héros son côté sombre, a un charme irrésistible, est spontané et imprévisible. C'est un comique et un porte-poisse qui recourt à l'art, à l'artifice, à la sédition et à la malhonnêteté. L'énergie du filou apparaît dans l'inattendu, la malice, le désordre, le choc ou l'amoralité. Il corrige les comportements trop rigides par l'humour et la souplesse. Il vient libérer la spontanéité des gens coincés et restaurer ainsi leur équilibre psychique, il ruine les plans les mieux conçus, crée un bouleversement intérieur et extérieur, nous induit ou nous contraint à de nouveaux arrangements, renverse les trônes et supplante le moi royal. Il est le roi du sens dessus dessous, et au Pays des merveilles, il est la main qui pousse Humpty Dumpty et le fait tomber du mur.

Le filou aide à dégonfler la version guerrière de l'héroïsme, qui ne pense qu'à triompher d'un adversaire au lieu de l'emporter par l'honneur, l'honnêteté et l'amour. Le filou nous conduit à une aube d'ordre primordial à partir de la dissonance. Il dévore le moi, unit les contraires, transformant ainsi l'absence de sens en signification, une situation difficile en une voie nouvelle, des étendues stériles en vertes pâtures, un goulot d'étranglement en une voie de sortie et, finalement, la mort en vie.

Dans notre culture, le filou apparaît sous la forme du chat de Cheshire, de Bugs Bunny, de Daffy Duck, du coyote qui poursuit la famille Bip-Bip, etc. Le filou est Puck, Ariel, les poltergeists, le Joker, le diable, les lutins, les elfes. C'est une canaille et un larron, mais pas une complète fripouille. Telles sont les personnifications d'une énergie en nous et dans le monde de la synchronicité que nous rencontrons dans la vie quotidienne.

Le filou est le plus ancien des personnages mythiques, et les indiens Crow et Blackfoot voient donc en lui le Vieil homme. Sa longévité s'explique par la persistance des histoires qu'il suscite et par notre éternelle fascination pour elles : « Un refus si obstiné d'oublier ne peut pas être un accident », dit à son propos l'anthropologue

Paul Radin. Dans d'autres cultures, le filou est un lapin, un corbeau, un coyote, une araignée, un singe ou un serpent à plumes. Il est l'animal malin qui vient à la rescousse en période de besoin et bouleverse les plans de ceux qui pensent n'avoir pas de besoins. Il nous conduit vers le domaine d'où il est issu, où le moi contrôlant est dénoncé comme le grand imposteur, et où un soi plus réaliste assume de plein droit son véritable pouvoir.

Dans la mythologie grecque, certains dieux et certains héros deviennent des filous. Dyonisos est le filou quand il accède au souhait de l'avide roi Midas. Eris, déesse de la discorde, est le filou qui déclenche la guerre de Troie avec sa pomme d'or. Hermès, messager des dieux et dieu des voleurs, est le dieu même de la synchronicité. Il vient à nous chargé de hasards heureux et d'aubaines. En tant que dieu de l'ambiguïté, il a inventé un langage qui explique *en même temps* qu'il dissimule, et son nom a donné les termes *herméneutique* et *hermétique*. Hermès est le messager, la médiation entre le monde du moi et le monde du Soi. Il est le Dieu de la révélation qui manifeste l'esprit dans la matière, le dieu de l'alchimie qui crée le précieux à partir de l'inutile.

Étant né la nuit dans une grotte, Hermès peut voir la nuit, c'est-à-dire qu'il peut voir notre ombre et nous force à la voir, nous montrant ainsi comment en tirer des leçons. Zeus lui a donné la tâche/le don d'amener les âmes à Hadès et de les ramener. Il est ainsi le médiateur qui comble la faille entre la vie et la mort. C'est lui qui ramène Perséphone du monde souterrain. Hermès est le guide des âmes qui nous conduit à travers le monde souterrain où le moi est tué – notre propre inconscient. Hermès est en effet la personnification de l'inconscient, de la matière première et de la capacité à tenir tous les contraires, tant matériels que spirituels. L'énergie du filou est ainsi l'artificier de notre individuation – l'accomplissement de notre tout personnel. Une grande part de notre destinée se trouve entre ses mains facétieuses.

Hermès était aussi le dieu des carrefours. Aux yeux des Anciens, il fallait autre chose que le simple moi humain pour choisir la voie droite. Une aide transcendante était nécessaire, volontiers offerte par Hermès, notamment par le biais de synchronicités, mais souvent de façon trompeuse. L'énergie du filou nous rencontre aux carrefours, ce qui est une métaphore de la synchronicité. Au cours de notre vie, nous devons être préparés à voir bien des personnages inattendus croiser notre route. Croire que notre moi offre tout le soutien dont nous avons besoin dans ces moments-là est peut-être la plus comique de toutes les idées humaines. Notre certitude que la grâce veut s'attacher à nos pas peut susciter un sourire cosmique.

Un protocole pour les visites du filou

> « Il a renversé les puissants de leurs trônes ; il a élevé les humbles. »
>
> LUC, 1, 52

Dans chacune des listes suivantes, essayez de trouver les parties cachées (positives ou négatives) de vous-même, ou des événements et des gens qui vous ont influencé.

Un trésor est perdu ou découvert : je possède des pouvoirs ou des richesses, mais on me les prend par la ruse, par des promesses, ou par un abus de confiance, et je les perds ; par exemple, le jeune homme qui laisse son or sous la protection d'un gardien malhonnête.

Je suis humilié d'être surpassé par quelqu'un dont je jugeais les compétences et l'intelligence inférieures aux miennes ; par exemple, dans l'histoire du lièvre et de la tortue.
Je projette de démissionner sur un coup de tête quand je suis soudain licencié.
Je révèle toute ma fragilité en réagissant de façon excessive à une blague.
Je suis choqué(e) de réaliser que mon compagnon profite de mon absence avec mon amant pour avoir lui-même une liaison.
Je crois être sincèrement aimé par quelqu'un qui n'en veut qu'à mon argent.
Je suis fou amoureux de quelqu'un, et de nombreuses synchronicités surviennent qui semblent indiquer que j'ai trouvé mon âme sœur ; pourtant, cet amour se révèle une illusion.
Alors que je suis fiancé, je tombe fou amoureux de quelqu'un d'autre qui ne partage pas mes sentiments. Toute cette affaire me montre combien j'étais peu amoureux de ma fiancée.

Une visite du filou correspond le plus souvent à une crise personnelle. Elle est ici l'expérience de démembrement du héros, c'est-à-dire du démantèlement du moi. Nous sommes brisés, nous sommes contraints de lâcher prise. Le héros descend au monde souterrain pour converser avec les sages et les chamanes, avant de s'élever pour aller converser avec les dieux. Au travers d'une mort aussi symbolique, nous sommes tous susceptibles de renaître. Toute cette affaire ressemble au tour de la corde où le corps s'élève, s'écrase au sol puis se reconstitue. Mais n'oublions pas ce que disait Pline quand il vit le colosse de Rhodes en pièces après un tremblement de terre : « Même en morceaux, c'était une merveille du monde ! »

Identifiez, dans cette liste des visites du filou, celles qui vous sont arrivées et la façon dont vous les avez gérées. En quoi vous ont-elles isolé ou libéré ? En quoi l'humour aurait-il modifié votre expérience à cet égard ? Quels sont les gens, les événements ou les circonstances qui ont joué dans votre vie le rôle du filou ? En quoi avez-vous joué ce rôle pour d'autres ?

Si vous vous sentez prêt à travailler avec l'énergie du filou, essayez les choses suivantes :

Dites Oui à ce qui est, que cela vous plaise ou non.

Laissez les choses sens dessus dessous une journée de plus que vous ne pouvez le supporter.

Ne cherchez pas un mol atterrissage, mais autorisez-vous à atterrir dans la dure réalité

Tirez des leçons des surprises qui croisent votre route.

Accueillez la crise comme une déflation du moi ; c'est le signe que l'univers s'est intéressé à votre petit confort, qu'il l'a traité et résolu.

Invitez la douleur du changement au lieu de l'éviter.

Cessez de vous sentir aussi important.

Trouvez un moyen de « jouer avec la douleur » – ce que Charlie Chaplin appelait le secret de son humour.

Inventez des rituels qui vous sortent de votre personnage – comme dans les fêtes costumées d'Halloween ou du carnaval.

Dans notre routine quotidienne, l'habitude l'emporte sur l'activité créative. Essayez d'abandonner votre routine une journée pour vous ouvrir totalement à tout ce qui peut vous arriver.

Sortez de votre personnage. Explorez des styles de vie ou des systèmes de croyance très différents, lancez-vous dans une nouvelle carrière, modifiez vos habitudes et vos choix personnels, même un court moment : passez de la peur au courage, du strict au relâché, de l'inhibé à l'expérimental, du *non* au *Oui*.

« Nous n'avons pas à lutter pour être libre. L'absence de lutte est la liberté. »

Chögyam TRUNGPA

CHAPITRE IV

Notre temps et notre espace

> « Les différences entre le cosmos et l'homme ne sont que de degré, pas d'essence [...]. La nature exprime quelque chose qui la transcende [...]. Ce qui est exposé (ce que nous voyons) est duel, mais la réalité est identique [...]. La réalité de la matière est le soi psychique. »
>
> Mircea ELIADE

Un seul monde

Le fait que des coïncidences signifiantes surviennent dans notre vie sans que nous les ayons convoquées nous apporte la preuve que nous ne sommes pas seuls au monde. Le monde, au contraire, est merveilleusement présent dans l'accomplissement de notre objectif de vie. Le fait le plus brillant que révèle la synchronicité est l'unité du monde et de notre Soi intérieur. La psyché et le monde sont en effet deux aspects d'une même réalité. L'univers nous offre une guidance intuitive, cohérente et aimante. C'est comme si la vie elle-même voulait nous voir nous réaliser, en orchestrant des événements en ce sens. C'est l'équivalent d'une intention aimante. Mon rôle en tant qu'être libre est de dire Oui à l'amour dont mon moi a peur, mais dont le Soi est constitué.

Ce que disait John Muir de la nature s'applique également à nous : « Quand nous tentons de saisir quelque chose en soi, nous découvrons qu'il est lié à tout le reste de l'univers. » Nous vivons de même dans une orbite naturelle à l'interconnectivité sans limites. La théorie quantique en physique moderne reconnaît et confirme ce point en voyant les particules non comme des masses, mais comme des interconnexions : l'interconnectivité des choses *est* ces choses. Il est significatif que la définition la plus simple de la spiritualité de Saint Thomas d'Aquin soit : « Un lien entre toutes les choses. »

La psyché dans son sens le plus large inclut donc « le monde extérieur ». Jung l'a posé en ces termes : « La psyché n'est pas localisée dans l'espace [...] La psyché n'est pas en nous ; nous sommes dans la psyché [...] L'âme est pour l'essentiel en-dehors du corps [...] La psyché et le corps ne sont pas des entités séparées mais une seule et même vie [...] Finalement, chaque vie individuelle est la même que la vie éternelle des espèces. » Cela revient à dire qu'il existe quelque chose en nous qui nous transcende. Du fond de la nature, ce quelque chose nous lance un geste d'invite. C'est l'appel de la nature à la totalité spirituelle. Le Soi en effet appelle le moi à travers la nature. Le monde intérieur du moi et le monde extérieur de la nature sont des facettes du Soi cosmique. L'alchimiste du XVIe siècle Sendivogius écrivait : « La plus grande partie de l'âme réside en-dehors du corps. » Notre esprit n'est pas plus dans notre crâne qu'un présentateur n'est dans notre poste de télévision. Le cerveau n'est que la région la plus patente de l'esprit. Une fois encore, nous constatons combien le travail de notre âme est en fait le travail du monde. « L'âme *est* l'univers ! » proclamait Maître Eckart.

À l'époque médiévale, l'expression *unus mundus*, « un seul monde », désignait l'unité de la matière et de l'esprit, qui se trouvent dans une communication et une interaction perpétuelles. Joseph Campbell résume magnifiquement cette situation : « Le héros et son dieu [...] sont l'extérieur et l'intérieur d'un unique mystère qui se reflète en soi, qui est identique au mystère du monde manifeste. » La psyché et l'univers forment un hologramme : tout est dans chaque partie du tout. Chaque cellule en nous est un hologramme de l'univers. Toute existence est un continuum de création qui se meut et danse en une progression rythmique. Le cosmos a trouvé un moyen de devenir conscient. *Je suis ce moyen.*

La synchronicité atteste qu'il existe un *unus mundus*, une seule réalité aux espaces multiples. L'absence de dualisme signifie que les contraires sont relatifs, pas indépendants. Rien n'est mutuellement exclusif. La réalité n'est pas composée de touts ou de parties, mais de parties-tout. Marsilio Ficino, philosophe florentin de la Renaissance, voyait l'univers comme un être vivant dont le cosmos était le corps et dont la psyché était l'âme. La synchronicité transcende et contient à la fois la psyché et la matière, puisque les synchronicités sont des moments particuliers où l'unité de la psyché et de la matière devient manifeste. Chaque synchronicité est une épiphanie de cette unité. Chaque synchronicité présente un avis de décès au dualisme.

Le physicien David Bohm voit l'univers comme un tout indivisible, et le monde observable comme un ordre « expliqué » qui se déploie à partir d'un ordre « implicite » sous-jacent et replié. Ces deux ordres coexistent sur un mode hologrammatique, c'est-à-dire que chaque partie contient le tout. La matière et la conscience ont l'une et l'autre un ordre explicite (manifeste) et un ordre sous-jacent implicite (caché). « Ce qui est » est en fait une unité psycho-physique derrière laquelle « une vaste mer d'énergie » se déploie dans l'espace et le temps. Cette définition vaut pour la synchronicité, comme d'ailleurs pour toute chose à notre sujet.

Notre corps, loin de se limiter au physique, s'étend dans l'univers, qui est lui-même notre corps élargi, un corps mystique. Ainsi, l'écologie ne consiste pas à se soucier de la nature comme d'un objet, mais comme d'une extension de notre être propre. Notre corps physique est l'un des plans limités sur lesquels des événements spirituels peuvent survenir. Notre corps, sur le plan hologrammatique, n'est pas un matériau limité, mais un tout sans limites.

Craindre les marées incessantes de changement c'est, dans ce contexte, ne pas croire à cet *unus mundus*, à l'unité du monde de la nature avec notre monde intérieur. La nature peut être vue comme une force adjuvante dans notre destinée. Elle transforme la mort en vie et ne cesse de prôner l'union des contraires. La même synthèse survient dans les rêves et dans la synchronicité, où le conscient et l'inconscient révèlent notre inclination à la réalisation du Soi. L'attachement nous empêche de le voir, parce que nous nous accrochons à une chose dont nous croyons avoir besoin et qui serait située hors de nous. Cela perpétue notre illusion d'un « ailleurs », le contraire de l'*unus mundus*.

Nous l'avons vu, il y a quelque chose en nous qui est indépendant de notre histoire personnelle, qui est collectif, inné, archétypal. Les archétypes sont psychoïdes : ils contiennent à la fois la psyché et la matière. Les archétypes sont des modèles et des thèmes innés de la psyché humaine partout dans le monde. Ces « images primordiales », comme les appelle Jung, fabriquent l'inconscient collectif de l'humanité. Ce sont des véhicules qui nous aident à comprendre et à gérer les réalités les plus profondes de la vie : l'amour, la mort, le sexe, l'agression, l'expérience religieuse, etc. Ces thèmes archétypaux, loin d'être séparés, sont en perpétuelle interaction. Ainsi, quand l'un de ces archétypes est activé en nous par un événement ou une transition extérieure, des événements similaires – synchrones – convergent autour de nous. C'est comme s'ils cherchaient à être des ouvertures sur la signification et sur le tout. Nous voyons à présent où la synchronicité prend son origine, comment elle combine les mondes intérieur et extérieur, et comment elle conduit à la signification et à l'accomplissement.

La synchronicité confirme l'unité du dehors et du dedans comme des aspects plutôt que comme des entités séparées. C'est une nouvelle confirmation que nos rêves, les anciens mythes et la philosophie éternelle – archétypale – disent tous la même chose : « Dans la lumière toujours-présente de la conscience sans limite, ce que nous pensions autrefois comme le soi isolé se révèle ici ne faire qu'un avec le cosmos », dit Ken Wilber dans *No Boundary*. Tout est synchronicité parce que chaque chose est tout.

L'anthropologue Lucien Lévy-Bruhl a inventé un terme pour désigner l'identification inconsciente de l'humanité et du monde : la participation mystique. Cette fusion primale était symbolisée dans les temps anciens par un animal totem (le gardien). La croyance mature dans le un-en-tout signifie finalement que le moi divisant a été déposé et que la matière et l'esprit sont bien deux aspects de la même réalité unifiée.

La réalité du monde phénoménal est un flux constant de transformation auquel nous apprenons à nous laisser aller. La fixation sur un ordre apollinien fait obstacle à cette compréhension dionysienne, avec ses défis incontrôlables et surprenants. Les anciens Grecs pensaient que le monde s'écroulerait si les mystères d'Éleusis (les rites de mort et de résurrection) n'étaient pas accomplis. C'est une autre façon de dire que notre travail individuel et notre travail cosmique sont interdépendants et un. En effet, l'archétype de l'*unus mundus* est le Soi, puisque l'un et l'autre dénotent la totalité et l'unité. C'est l'unité du Soi et du monde qui s'est trouvée rompue par l'arrogance du moi se proclamant comme la totalité de l'être. L'unité retrouvée est donc ce que l'on entend réellement par le terme de « conscience supérieure ». Le moi se met avec empressement au service du Soi.

L'unité s'exprime en revanche dans un sermon du théologien chrétien Origène : « Vous avez en vous les troupeaux de bœufs, les troupeaux de moutons et les oiseaux du ciel. Vous êtes un monde en miniature avec un soleil, une lune et d'innombrables étoiles. » La nature est ainsi une théophanie, une épiphanie du Soi divin. Notre corps/notre moi est un élément de la nature, pas son adversaire. L'équilibre de la nature est lui-même synchronicité. Il existe d'ailleurs un autre niveau plus profond encore de synchronicité dans la nature : sa beauté particulière sur cette planète est la seule qui puisse satisfaire des êtres aussi sophistiqués que nous. Seule cette qualité précise de la nature peut satisfaire le sens esthétique avec lequel nous sommes nés.

Un animal est équipé d'une gamme de comportements qui conviennent à son environnement. Quand un stimulus se présente, un mécanisme inné entre automatiquement en action, suscitant une réponse appropriée. Il agit au mieux pour la survie de l'animal – et pour celle de la nature entière. De même, nous héritons de prédispositions archétypales qui nous offrent tout ce qui est nécessaire à notre épanouissement dans notre environnement physique, émotionnel et spirituel. Cet équipement adaptatif dans notre psyché nous aide à réagir aux événements et aux conditions de la vie en rayonnant de l'intérieur comme un accomplissement de la destinée. Nous sommes toujours stupéfaits de voir l'équipement de la nature et de la psyché former une unité si parfaitement synchrone : homéostase, croissance régulée, auto-restauration et renouveau cyclique – autant de mécanismes qui s'équilibrent dans l'écologie de la nature et dans notre psyché.

Il est clair à présent que la synchronicité est le point de rencontre des deux domaines que nous voyons comme la matière et la psyché. L'archétype du monde est uni à l'archétype du Soi, et le moi conscient est la passerelle qui les réunit. La synchronicité est le symbole et la manifestation de l'unité ultime de ce qui apparaît en nous comme le monde intérieur de la psyché, et devant nous comme le monde extérieur de la matière. C'est l'équivalent parapsychologique de l'*unus mundus* – comme un mandala est son équivalent psychique. Dans les deux cas, le psychique et le physique sont une médaille à deux faces. Une valeur unique demeure tandis que les divisions disparaissent.

Le taoïsme est un système philosophique chinois qui recommande le respect de la synchronicité. Le Tao est l'harmonie de l'univers, et agir en accord avec elle apporte le bonheur et la santé mentale. Le Tao fait équivaloir la réalité avec la loi naturelle gouvernant toute vie et tous les temps de la vie. Dans les traditions hindoue et bouddhiste, le dharma est la loi morale qui maintient l'univers. Ces points de vue orientaux sont des façons de reconnaître l'interconnectivité chargée de sens de toutes choses. Notre destinée est de prendre et d'appliquer les décisions qui soutiennent et synchronisent l'ordre fiable du Tao et du dharma, qui est toujours déjà en action. Le Tao donne la primauté à une force supérieure au moi qui n'impose pas l'ordre, mais l'expose. Telle est la synchronicité du temps, des gens et des événements qui viennent à notre rencontre pour nous montrer notre destinée. Honorer le Tao, c'est s'engager dans l'histoire qui se déroule en coopération avec ces coopérateurs. La psyché et l'univers étant une seule réalité, le même Tao qui travaille personnellement avec nous est aussi le travail invisible du monde œuvrant pour instaurer son ordre. Quelque chose en nous est conçu dans l'enthousiasme pour s'harmoniser à cet ordre et à ce rythme. Ce n'est pas une décision logique de notre cerveau, mais une disposition musicale de notre âme. Le véritable travail sur nous-mêmes découle de cette pulsion rythmique vers la totalité et s'abandonne à elle, à cette rumba qui se danse en nous et autour de nous.

« Un pur espace apparaît devant nous où des fleurs s'ouvrent sans cesse. »

Rainer Maria RILKE

Le temps qu'il faut

> « La vie, pour être parfaite, doit être possédée totalement : il ne doit y avoir ni passé qui a disparu, ni présent qui s'enfuit, ni futur qui est à venir. Elle doit être permanente, durable, pleine, et sans succession. La vie qui serait le passé est de la vie perdue ; celle qui est à venir ne serait pas de la vie possédée ; et celle qui est en train de passer est de la vie en décomposition. »

Edward LEEN

Le monde des lieux ne fait qu'un avec notre monde intérieur en ce moment du temps. Vivons-nous exclusivement dans une conscience limitée par le temps, ou dans une conscience de l'unité où le temps et l'éternité ne font qu'un ? La synchronicité déploie son modèle à travers les barrières du temps, puisque le temps et l'éternité sont les deux faces d'une même médaille dans le domaine du Soi. Nous sommes liés à la nature et à l'histoire, mais nous n'avons que de rares aperçus de cette merveilleuse simultanéité.

Le temps historique est linéaire, il suit le calendrier sans répétition. Le temps cyclique revient sans cesse, commémorant les événements comme une liturgie. Cet aspect du temps était reconnu et révéré par les Anciens. Autrefois, le nouvel an coïncidait avec l'expulsion des démons et la purification de l'univers. C'était une répétition de la création originelle, une abolition de l'histoire vécue comme linéaire. La nouvelle naissance, étant un éternel retour, incluait la mort et la résurrection. La mort est nécessaire pour que la vie naisse et pour que le cycle continue. La lune en est un symbole, qui apparaît, brille, décline, disparaît et réapparaît.

La synchronicité introduit le temps cyclique dans le temps historique. Les événements pour les Anciens n'étaient pas irréversibles, et n'étaient donc pas *historiques* au sens où nous l'entendons. Dans le temps cyclique, tout recommence à tout moment. L'année devient un cycle sacré de notre propre voyage toujours récurrent. « Aucun événement n'est irréversible, aucune transformation n'est définitive […] Le désir de refuser l'histoire témoigne de la soif de l'homme pour le réel, et de sa crainte de se perdre en étant submergé par l'absence de sens de l'existence profane », écrit Mircea Eliade dans *Le Mythe de l'éternel retour*.

Dans les anciennes religions paléo-orientales, la révélation survenait dans les temps mythiques, avant le commencement du monde, et était ensuite répétée d'une façon archétypale. Dans le monothéisme, la révélation survient dans un lieu et un temps spécifique, par exemple Moïse sur le Sinaï. Les événements issus de la révélation ont un grand prix, puisqu'ils ne peuvent pas se répéter mais surviennent une fois pour toutes dans un moment historique donné. De ce point de vue, le temps est plein d'espoir parce qu'il nous garantit une permanente possibilité de rédemption.

Pour Joseph Campbell, « le véritable mysticisme vous libère du temps avant de vous rendre à lui ». C'est la conception du temps comme un *kairos*, qui en grec ancien signifie « une ouverture pénétrable ». Un *kairos* est un temps d'immédiate opportunité, qui concerne surtout la transformation spirituelle. La synchronicité fait de chaque instant un *kairos*, puisqu'elle nous relie à notre destinée.

Le *kairos* dans la Grèce antique était personnifié par le dieu des heureuses coïncidences. Aion était le dieu du temps, à l'origine un fluide vital dans tous les êtres. *Aion* désigne le temps éternel, le *nunc stans* : le moment éternel par-delà du flux du changement. Aion n'abolit pas le temps, mais il l'anime sur le plan spirituel. Puisque ce temps ne peut être distingué du temps normal, nous sommes confrontés à une combinaison de contraires qui constitue la zone paradoxale de la synchronicité, la plus attirante pour le Soi et la plus effrayante pour le moi.

Le Soi nous parle dans les rêves et dans la synchronicité, nous montrant qu'il n'y a pas de temps sériel : le passé d'abord, puis le présent, puis le futur. Le temps tout entier est simultané et inséparable dans un présent éternel et sans bords. Il se tient au-delà des limites conceptuelles de l'esprit rationnel de l'hémisphère gauche, pour qui le temps ne peut être qu'une succession, du passé au présent et du présent au futur. La synchronicité est une libération de cette succession.

Voici un exemple pour vous aider à comprendre comment pénétrer cet autre sens du temps. J'ai regardé hier un DVD que vous regardez aujourd'hui. J'entre dans la pièce et je me rappelle ausitôt la scène que vous êtes en train de voir. Je sais ce qui va arriver aux personnages dans cette scène et dans le reste du film. Je le sais sans avoir besoin d'y réfléchir. Je connais toutes les destinées de tous les personnages, ainsi que l'intrigue, en une seconde. Je n'ai pas besoin d'attendre scène par scène comme vous le faites. Vous connaissez le présent du film et son passé (son début). Vous n'en connaissez pas l'avenir (sa fin). Vous le regardez dans le temps sériel. C'est ainsi que votre moi rationnel expérimente le temps. Dans cet exemple, je regarde toute chose de façon simultanée, un peu comme le Soi intérieur perçoit le temps éternel. La synchronicité est un moment opportun qui nous emporte par-delà les limites du temps.

Dans l'esprit rationnel conscient, le passé et le futur s'opposent et ne peuvent être réunis. Dans le Soi, les contraires se rejoignent et les limitations du savoir sériel, borné par le temps, sont suspendues. Les mystiques vivaient de cette même façon délivrée du temps. Ce sont ces deux éléments qui nous font qualifier de spirituel ce mode de connaissance synchrone.

Notre tâche comme toujours est double, à la fois psychologique et spirituelle : il s'agit de satisfaire les demandes du temps mesurable et d'honorer les rythmes sans limites du Soi. Nous travaillons notre destinée en heures et en jours, et nous sommes escortés vers elle à des moments particuliers sous un ciel d'éternité. Nous sommes pleinement conscients du temps des horloges ici et maintenant, mais non de la simultanéité/de l'éternité. Nous la remarquons occasionnellement, et c'est alors une manifestation de la synchronicité.

Au XVe siècle, on voyait dans les horloges un modèle du plan divin de création et de rédemption. L'horloge fut en fait révérée comme un phénomène religieux jusqu'au XVIIIe siècle. Ensuite, elle fut ravalée au niveau de la simple machine. Une horloge est un mandala dans la perspective spirituelle. Le temps est yang et l'espace est yin. Ensemble, ils expriment le Tao, la loi harmonieuse qui gouverne l'univers, la signification derrière les apparences. Le temps est un moyen de réaliser le Tao, puisque nous travaillons dans le temps et voyons parfois l'éternité se manifester dans des événements du temps/ de l'espace. Dans le temps linéaire, nous anticipons quelque chose de nouveau à partir de ce qui n'est pas encore venu. Dans les moments de synchronicité, nous déployons ce qui a toujours été là. C'est la même conscience transcendant le temps qui nous fait découvrir et connaître le monde spirituel.

Le dieu égyptien Aker, dont le nom signifie « ce moment », était représenté par deux lions assis dos à dos, surmontés d'un soleil inscrit au-dessus de leur point de jonction. Ces deux lions s'appellent « Hier » et « Demain ». Ils sont la synchronicité du temps simultané connecté dans le présent tout en incluant le passé et l'avenir. Ils sont les gardiens du monde souterrain, les gardiens du seuil de la conscience spirituelle. Dans la mythologie, la conjonction des contraires est la porte vers le monde souterrain. La mort et la renaissance du soleil surviennent à minuit, la transformation s'opérant dans l'obscurité – dans le noir où la pâte lève. Dans l'alchimie médiévale, la nouvelle lune était l'époque de la conjonction des contraires et de la nouvelle vie. Tout cela constitue une synchronicité – le moment/le seuil qui unit le temps et le moment opportun, le temps et l'intemporalité. Le fait que nous éprouvions la synchronicité est une preuve que nous avons été conçus pour la spiritualité.

Puisque l'illumination peut surgir à tout moment, le temps est bien plus qu'une succession d'heures. C'est la porte par où notre mortalité trouve sa voie pour rencontrer l'éternité. Nous ne pouvons retenir les mains du temps, mais nous pouvons être tenus par elles alors que nous sommes debout au carrefour de chaque coïncidence, avant de nous lancer avec courage dans notre voie. Tout arrive à son heure. « À son heure » dans ces trois sens : au cours de notre vie, juste au bon moment, et en harmonie avec la musique des sphères, celles de la terre et du ciel. « Une harmonie pareille, dit Shakespeare, existe dans les âmes immortelles. »

Enfin, outre le temps, le nombre prend part lui aussi à la synchronicité. « Le nombre est l'élément d'ordre le plus primitif dans l'esprit humain », disait Jung. Le nombre est l'archétype de l'ordre rendu conscient. L'ordre mathématique manifeste la dynamique de la psyché. Le nombre symbolise l'ordre de l'univers et l'unité de la psyché et de la matière. « Notre psyché peut avoir une structure numérique validée à la fois par la matière et la psyché, qui sont l'une et l'autre de minces ouvertures sur un champ numérique » suggérait Marie-Louise Von Franz. Nous en voyons un exemple dans la suite de nombres de Fibonacci, qui correspond aux lois de croissance des plantes. Pour les Chinois, les nombres constituent le pont entre l'intemporel et le temporel. Un principe synchrone d'un ordre numérique sous-tend donc la psyché et la matière. L'ARN et l'ADN (les bases de l'hérédité) utilisent un code mathématique qui correspond aux hexagrammes du Yi Ying !

> Vêtu d'étoiles, je siégerai à jamais,
> Triomphant de la mort et du hasard, et de toi,
> Ô Temps !
>
> John MILTON

L'art de connaître notre timing

« Pour se transformer en nous, l'avenir pénètre en nous bien avant d'apparaître » écrivait Rilke. Les événements psychiques souvent ne surviennent pas dans l'instant, mais connaissent une période d'incubation dans l'inconscient. Quelque chose qui n'est pas arrivé encore est en travail. La synchronicité coupe à travers les bornes imposées par le temps. Elle transcende les contraires en l'être actuel et à venir. C'est parce qu'il n'y a pas dans le monde intérieur de séparation entre passé et futur, entre le temps et l'intemporel, entre ce qui arrive, ce qui va arriver, et ce qui arrivera. Nous sommes toujours déjà parfaits dans un éternel présent et un ici permanent. Seul le présent existe, qui contient le tout. Dans la synchronicité, nous rencontrons notre avenir – ou notre passé – dans notre présent. Le fait que les événements passés ne trouvent leur pleine réalisation que dans le présent nous montre qu'il n'y a pas de passé, seulement un long présent.

Néanmoins, les choses qui comptent prennent du temps. L'impatience est un refus d'honorer le calendrier intrinsèque des événements et des décisions humaines. Résister, dans ce cas, c'est refuser d'être porté par la marée, ou n'être pas disposé à le faire. Le calendrier (*timing*) est le respect de la période d'incubation qu'exigent la plupart des transitions et des changements. Le moi ne contrôle pas le temps que peuvent exiger de tels processus. « La révélation connaît son propre temps, et elle n'apparaît que lorsqu'il est impossible de la confondre avec autre chose », dit la mystique Bernadette Roberts. Chaque sentiment a son propre déploiement dans le temps. Le chagrin en est le meilleur exemple. Nos tentatives de le hâter ou de le retarder sont sans objet : il se dénoue et revient sous une diversité de formes toujours surprenante et souvent stressante.

Peu importe avec quelle soudaineté quelque chose survient : il a mijoté longtemps en silence avant d'apparaître. Le *timing* désigne la période naturelle d'incubation que requiert toute naissance. Respecter le *timing*, c'est autoriser cette période, cette pause dans notre âme alors que des choses nouvelles viennent s'épanouir en nous. Devenir plus aimant, plus sage et plus guérisseur est une renaissance du Soi sur les cendres du moi. C'est une chose douce qui doit être autorisée avec douceur. Nous ne sommes pas contraints par la peur ou le désir à nous freiner ou nous hâter. Nous respectons le rythme (*timing*) du Soi tout en continuant à avancer avec zèle et optimisme.

La psyché est un système plein de sagesse qui sait précisément quand s'ouvrir au monde et quand se refermer contre lui. Elle sait comment et quand naître ou renaître, et quand mourir. Elle est calibrée sur les événements extérieurs, de sorte que les synchronicités s'assemblent pour la soutenir dans le sens de l'ouverture ou de la fermeture. Notre moi sain se stabilise à travers les interactions, les crises, les conflits, et en général par l'incessante circulation du monde. Tels sont les véhicules qui nous aident à avancer dans le sens de l'ouverture. L'introspection et la méditation sont les véhicules qui nous portent vers l'intérieur. Le premier garde le moi perméable, et le second veille à le préserver. Ce que nous appelons dépression est une façon grossière – mais peut-être la seule – de nous fermer quand d'autres styles de vie plus sains nous semblent hors de portée. Quoi qu'il en soit, la dépression est une constante dans le flux et le reflux normal de la vie – rien dont nous devons avoir honte.

Respecter le *timing*, c'est nous adapter aux ouvertures et aux fermetures. Un voyage pleinement humain exige une visite à ces deux rives du fleuve du temps.

Il y a un temps pour :	*Il y a un temps pour :*
S'accrocher ou tenir	Lâcher prise
Lutter	Reculer
Prendre plus de charge	Jeter du lest

Tenir une main	Lâcher une main
Piquer	Entraîner
Sauter dessus	S'asseoir dessus
Agir avec logique	Agir avec foi
Aller le chercher	Attendre que ça arrive
Entrer ou rejoindre	Faire une sortie gracieuse
S'impliquer	Être seul
Contrôler	Autoriser
Arracher les mauvaises herbes (tirer)	Cueillir des figues (taper)
Parler	Rester silencieux
Prévoir	Être spontané
Pétrir la pâte	La laisser lever
Savoir	Ne pas savoir
Créer du neuf	Recommencer
Briser les règles	Suivre les règles
Transcender les limites	Honorer les limites
Montrer une énergie masculine/yang	Montrer une énergie féminine/yin
Atteindre	Frapper
Avoir un usage industrieux de son temps	Autoriser une certaine oisiveté
Se sentir complet	Se sentir fragmenté
Se reconstituer, renaître	S'effondrer, se désintégrer
Faire un choix	Prendre une chance
Accomplir par l'effort	Recevoir la grâce
Faire	Être

Le côté gauche est actif ; le droit est réceptif ; l'un et l'autre ont une dimension de don. Ils sont initiateurs *et* consolants. Le yin et le yang sont des caractères indélébiles de la psyché humaine. Dans chaque histoire archétypale, nous voyons le héros explorer les deux rives du fleuve de l'expérience. Notre moi nous fait redouter les visites au côté droit. Nous ne pouvons nous fier qu'à l'effort et à l'activité. Est-ce parce que nous avons remarqué sa bruyante façon de dissimuler notre panique face au vide qui s'ouvre quand nous n'avons pas le contrôle total ? Est-ce pour cela que nous préférons souvent changer les choses au lieu de les accepter ?

« Il y a une marée dans les affaires humaines. Quand on saisit le flux, il mène à la fortune ; quand on le laisse passer, tout le voyage de la vie échoue dans les bas-fonds et les misères.

» Maintenant, nous sommes à flot au large ; profitons des courants tandis qu'ils sont propices, ou nous perdrons nos chances. »

William SHAKESPEARE, *Jules César*

L'étreinte de l'effort et de la grâce

« Le Soi ne peut être gagné par les Védas, ni par la compréhension, ni par l'enseignement. Celui que le Soi choisit, par lui le Soi est gagné. Ce Soi ne doit pas non plus être gagné par celui qui est dépourvu de force ou d'une méditation profonde et droite. […] Le sage, ayant atteint celui qui est présent en tous lieux, entre pleinement en lui. »

Upanishads

« Il n'y a rien à atteindre, pourtant je m'engage dans l'action. »

Bhagavad Gita

Notre travail psychologique exige un effort : gérer la peur ; pratiquer l'affirmation de soi ; affronter des problèmes intérieurs issus de l'enfance ; aborder, traiter et résoudre les problèmes de la vie et des relations, etc. Notre pratique spirituelle exige un effort : méditation, pleine conscience, rituels, prière, douceur aimante et compassion active. Autant d'équivalents du pétrissement de la pâte. Mais pour qu'il en sorte un pain, il faut une période de levée, où le travail cesse et où la nature prend le relais. C'est l'équivalent de la grâce, une force qui entre en jeu au moment où la volonté, l'effort et l'intelligence s'arrêtent. C'est un don mystérieux et non un résultat du travail, qui ne peut survenir pourtant sans le travail, comme en atteste notre citation des Upanishads.

L'effort comme la grâce sont nécessaires à une intégration personnelle – de même que le travail psychologique et la pratique spirituelle sont nécessaires au tout. L'effort est un choix ; la grâce est un don libre, hors de portée de notre contrôle ou de notre capacité de prévoyance. Elle ne peut être convoquée à notre initiative. Le mieux que nous puissions faire est simplement de nous placer dans une position favorable à la survenue de la grâce. Mais au bout du compte, l'effort peut rester vain et la grâce peut croiser notre chemin sans aucun effort. Les muses sont des personnifications de la grâce. Tout auteur sait que la muse peut parfois rester sourde à tous ses efforts, ce qui ne l'empêche pas d'ailleurs de travailler dur. Le poète grec Pindare fait allusion à ce mystère quand il dit : « S'il existe pour nous une quelconque possibilité de bonheur, ce sera un combat. Pourtant, un dieu peut nous l'offrir dès maintenant. »

Voici un tableau montrant le lien entre l'effort et la grâce, à partir de ce que nous avons vu jusqu'ici.

Moi : conscient, existentiel	*Soi : inconscient, essentiel*
Œuvre par l'effort de façon personnelle vers l'objectif de fonctionner de façon optimale dans des relations, dans une carrière et en soi-même	Œuvre par la grâce de façon spirituelle vers une destinée pour libérer les richesses de l'amour, de la sagesse et de la guérison dans le monde
Conduit à une meilleure estime de soi et efficacité, parce que nous changeons	Conduit à l'illumination parce que nous sommes transformés
Est raconté dans notre histoire personnelle	Est raconté dans le mythe et la métaphore
Présente des défis pour faire survenir les choses	Ne demande que de la coopération avec ce qui veut survenir
Est une cause qui conduit à un effet	Est une simultanéité synchrone
Est fondé sur les étapes que nous accomplissons	Est fondé sur des tournants qui surviennent

La grâce, nous l'avons vu, est l'archétype de l'avocat, de la force adjuvante qui vient au secours du héros quand il est dépouillé de tout, sauf de son moi limité. Elle est souvent symbolisée par un dieu, un élixir, un talisman, ou une forme quelconque de magie. La grâce est ce qui ne peut pas être désiré par le moi ; c'est un don gratuit de l'univers/ de Dieu/ d'une Puissance supérieure/ d'Amitabha Bouddha. Nous pouvons parvenir à la connaissance en utilisant notre intelligence, mais la sagesse est un don. Nous pouvons progresser dans la pratique spirituelle, mais l'illumination est un don. Pour faire un effort, nous devons bander nos muscles ; pour accueillir la grâce, nous devons nous abandonner. Nous voyons à présent que l'abandon du moi est transcendance.

Aux Alcooliques Anonymes, la guérison exige un programme spirituel. La volonté n'est pas suffisante. Une Puissance supérieure indique une source de pouvoir située au-delà des capacités de notre moi, qui transcende les limites de l'intellect et de la volonté. Notre moi obsédé par le besoin de tout contrôler ne se rend jamais par l'effort seul : il lui faut la grâce. C'est le concept des douze étapes des Alcooliques Anonymes. Dire « je suis impuissant », c'est reconnaître que le moi ne suffit pas. « La Puissance supérieure qui peut me rendre la santé » est la grâce qui prend le relais là où la volonté du moi abandonne. Nous sommes toujours déjà des véhicules conçus pour la lumière, de par l'action de la grâce. Une honnête acceptation de soi est donc une ouverture à la grâce.

Nous sommes tous comme la marionnette Pinocchio. Nous ne sommes pas nés réels : la réalité est ce qu'il nous faut obtenir par l'effort et recevoir par la grâce. Nous pensons d'abord que devenir réel/sain/complet signifie remplir notre devoir. « Va à l'école et suis ta conscience » : voilà des ordres auxquels nous pouvons obéir consciemment. Mais nous ne tardons pas à découvrir que cela ne suffit pas. Nous devons affronter notre face sombre, et comprendre que nous mentons, que nous recherchons une satisfaction rapide, que nous persistons à croire que nos addictions nous rendront heureux au pays de la fête foraine éternelle. Puis nous découvrons qu'il nous faut entrer dans le ventre de la baleine, dans les profondeurs de l'inconscient, et être assez inventifs pour y allumer un feu afin d'aider les autres à vivre. Alors seulement nous renaissons des ténèbres et nous sommes recrachés de la gueule de la baleine. Alors, et alors seulement, nous sommes prêts à devenir réels, mais il nous manque encore une étape.

Nous ne pouvons pas accomplir nous-mêmes la dernière phase de notre transformation. La Fée bleue doit se pencher avec amour sur le corps d'un garçon brisé, sur un moi désarticulé, réduit à néant, prêt pour sa renaissance. La Fée bleue (l'intervention féminine) représente la grâce qui fait de nous un être complet. L'effort (le pouvoir masculin) n'avait pas suffi, pas même l'effort héroïque. Il faut la baguette magique de la grâce qui nous touche au moment choisi par elle pour que le processus soit complet. La réalité de la libération est accomplie *et* reçue. Il y a tout cela dans l'histoire de Pinocchio. En ce moment, dans ce paragraphe même, nous sommes en train d'en faire une nouvelle lecture : cela aussi est de la synchronicité.

Avant le travail, avant le voyage, nous ne sommes encore que des ébauches, des pantins bourrés de paille, tenus par le faible mortier du moi. Nous sommes tous des marionnettes de bois tant que nous n'avons pas atteint le seuil où nous recevons la vision béatifique de la grâce. L'accomplissement ne peut que conforter et faire enfler le moi ; la grâce rappelle au moi ses limites, avant de le compléter joyeusement. Le matérialisme spirituel est l'illusion que l'illumination va survenir par l'effort. La santé spirituelle et l'âge adulte spirituel voient plus loin que les simagrées de toute-puissance du moi et montrent de la gratitude pour le jeu de la grâce.

L'histoire de Pinocchio est un mythe de notre enfance. Pour Joseph Campbell, « les images du mythe sont des reflets des potentialités spirituelles en chacun de nous. En les contemplant, nous évoquons leurs pouvoirs dans notre vie ». Parmi les fables de notre enfance, nous avons l'histoire d'Excalibur, l'épée du roi Arthur fichée dans la pierre, qui nous dit que le pouvoir spirituel est dissimulé dans l'obscurité et peut être libéré sans difficulté si tel est notre destin. Cette capacité n'appartient qu'au héros de *cette* histoire particulière : seul Arthur peut sortir

Excalibur de la pierre, pas les chevaliers issus d'autres lignées, ni les Princes charmants des autres contes. Notre histoire personnelle est le seul point de départ possible pour notre transformation.

Arthur ne peut s'emparer de l'épée que lorsque le temps est venu. Un caractère essentiel de la grâce est à n'en pas douter le *timing*, le corollaire de la synchronicité. Le poussin ne peut briser sa coquille tant que son bec n'est pas assez solide pour la faire craquer. Alors seulement ses efforts sont couronnés de succès. Le *timing* est gracieux et synchrone en ceci que la nourriture présente dans l'œuf s'épuise au moment précis où le poussin est prêt à en sortir. C'est aussi une métaphore du travail que nous accomplissons et de la grâce parfaite que nous recevons pour rendre notre travail efficace.

Le *timing* est aussi synonyme de rythme. Les bébés naissent à leur rythme, sauf si on les presse, auquel cas ils sont traumatisés parce qu'ils ne peuvent pas retracer la totalité de leur expérience et donc percevoir sa cohérence. Le respect de notre propre calendrier nous permet de retracer notre expérience et de gérer les événements de notre vie. C'est ainsi que nous émergeons à la conscience et acquérons un sentiment de puissance personnelle.

Souvent la grâce intervient dans l'histoire du héros quand le temps est venu pour lui de reconnaître son inadéquation. C'est le thème du démembrement : nous nous retrouvons en pièces. Une force nous vient qui nous emporte au-delà de nos propres limites et nous rend plus grands, c'est-à-dire qu'elle fait de nous un tout. L'histoire d'un héros semble constamment exiger de l'action, mais dans la phase de combat, il y a toujours une période de captivité, une pause qui permet à d'autres forces d'entrer en jeu. Robin des bois entre en action, mais il reste ensuite dans les fers jusqu'à ce que

Marianne vienne à son secours. Même le donjon, c'est-à-dire le vide, fait partie du chemin.

Réfléchissons à ce que nous considérons comme nos années perdues, inconscientes. Peut-être étaient-elles le temps de levée de la pâte, la nécessaire obscurité ? Ou encore la pause indispensable, comme avant le bouquet final du feu d'artifice ? C'est une bonne métaphore, puisque ce qui est une pause pour nous, qui regardons de loin, est un moment d'intense activité pour l'artificier dont nous ne voyons pas les mouvements, seulement leur spectaculaire résultat.

Un autre seuil de grâce se situe dans l'incapacité où est parfois le héros d'accomplir la tâche indiquée. C'est là une métaphore de la psyché inconsciente de ses pouvoirs. Nous la voyons par exemple chez la fille du meunier incapable de transformer la paille en or dans l'histoire de Rumplestiltskin, ou dans l'incapacité de Psyché à trier les graines que lui présente Aphrodite dans la mythologie grecque. Le moi est empêché parce que le Soi n'est pas prêt ou est endormi. La grâce est l'éveil de pouvoirs cachés. L'enfermement est l'un des moments classiques du combat héroïque. La tâche du héros consiste parfois à se cacher ou à dormir. Le travail du moi consiste simplement à s'asseoir, à être aveuglé ou sous l'effet d'un charme. Ainsi Jack dans le placard de la femme du géant, Blanche-Neige dans son cercueil de verre, le Christ dans sa tombe, Dorothy endormie parmi les chiots, et Joseph dans la geôle de Pharaon. Ce n'est pas du temps perdu, mais le mijotage nécessaire pour que la soupe soit prête. C'est aussi la pâte qui lève dans le noir, comme le rêve au cours duquel le travail psychologique et spirituel s'accomplit alors que nous demeurons inconscients.

Nous redoutons une visite aux confins du moi, où la maîtrise se dissout et où l'action est inefficace. Les petites étapes discrètes nous semblent insuffisantes, ennuyeuses ou dépourvues de la montée d'adrénaline à laquelle nous sommes accoutumés ou dépendants. Nous craignons de n'avoir aucune histoire, aucune identité en l'absence d'une excitation spectaculaire. C'est pourtant dans la pause entre les développements de l'intrigue que surviennent les merveilles. Cette pause est une attention sereine : « s'arrêter et connaître ». En même temps, nous entendons une invitation à nous activer : « Sois prompte, mon âme [...] réjouissez-vous mes pieds ! » Ces recommandations semblent contradictoires, mais seulement pour l'intelligence linéaire. Dans le monde de la psyché, elles combinent adroitement des phases apparemment contradictoires, mais en réalité légitimes, de notre travail. Le résultat de cette combinaison est un arc-en-ciel en nous aux innombrables nuances, libérant le spectre complet de la lumière.

« La clé vers notre bonheur le plus profond est de changer notre vision de l'endroit où le trouver. »

Sharon SALZBERG, *Lovingkindness*

Quand le moment est vraiment mal choisi

« Tandis que je ruminais sur le vieux monde inconnu, je pensais à l'étonnement de Gatsby quand il avait vu pour la première fois la lumière verte au bout de la jetée de Daisy. [...] Il ignorait alors que tout était déjà derrière lui. »

Francis Scott FITZGERALD,
Gatsby le magnifique

L'asynchronie est le contraire de la synchronicité. Le calendrier des événements ou des opportunités ne tombe pas en accord avec la sécurité, la créativité ou les résultats positifs. Rien ne marche parce que le moment n'est pas mûr. Nous pouvons alors prendre conscience, à travers une série de coïncidences négatives, que le moment est mal choisi pour se lancer. Les portes restent closes ; des obstacles surgissent qui ne sont pas des défis, mais des barrages. Si nous continuons à lutter, nous nous embarquons dans des guerres d'usure, contraints d'obéir aux lois des rendements décroissants.

À la fin du *Roi Lear*, le duc d'Albany offre de partager son autorité avec Kent et Edgar, ce qu'ils refusent tous les deux :

> KENT : Monsieur, je dois partir bientôt en voyage. Mon maître m'appelle, je ne saurais lui dire non.
> EDGAR : Au poids de ce triste temps il nous faut obéir…

Ces deux personnages lisent correctement leur propre temps. Déchiffrer l'inscription sur le mur est souvent un signe de respect pour l'asynchronie. En acceptant la donnée du changement et de la fin, nous prenons conscience que notre temps s'achève et que nous sommes prêts pour de nouvelles options. Nous devons accorder notre oreille pour distinguer le réveil véritable de simples petits coups sur la coquille. Nous pouvons cueillir la figue au début de l'été et la trouver insipide. Cette absence de goût nous envoie ce message : « Pas maintenant, mais plus tard. » À la fin de l'été, les figues se détacheront aisément, elles seront mûres dans la synchronicité.

L'asynchronie est aussi un défi à la boursouflure du moi (qui finit en déflation du moi) du type « la courageuse petite locomotive », ou « tout le monde peut devenir président » que nous avons héritée de l'école. Le danger est de suivre ce message à la lettre, au point que l'effort devient le seul projet acceptable. Il est bon parfois de faire des efforts. Mais il est bon parfois de lâcher prise, temporairement ou définitivement. Nous ne sommes pas conçus pour gagner à tous les coups ; nous avons aussi la chance de pouvoir tirer des leçons de nos échecs. Pour ceux qui sont au diapason de l'univers, ces messages viendront dans la synchronicité, dans les rêves et dans des images intérieures qui leur révèleront la voie véritable. Il ne s'agit pas ici de suivre des maximes, mais de voir combien de messages désignent une voie particulière.

L'asynchronie apparaît sous des formes diverses dans nos relations. Nous la voyons dans la discordance et l'incompatibilité de certains partenaires ; dans les jeux frustrants d'intimité et de distance entre partenaires : je me rapproche quand tu t'éloignes, et vice versa. Nous pouvons persister dans ces comportements d'échec. Nous pouvons nous accrocher à une relation qui ne marche pas en dépit de tous nos efforts. L'asynchronie apparaît parfois dans une relation quand un partenaire redoute tellement l'abandon qu'il s'accroche désespérément, tandis que l'autre se sent étouffé et s'éloigne d'autant plus.

Parfois, la synchronicité et l'asynchronie se combinent dans des directions différentes. À la fin de *Roméo et Juliette*, nous découvrons que ce qui est asynchronie pour le jeune couple est synchronicité pour leurs familles. La terrible fin de Roméo et Juliette mène à la réconciliation entre les deux familles. Nos propres vies montrent des interstices de ce type, surtout dans les relations. Nous endurons la douleur sans possibilité de changement, mais quand nous pensons finalement avoir droit au bonheur, nous nous relevons et la douleur devient une voie vers la croissance personnelle.

L'attention est la première exigence pour trouver l'asynchronie. La seconde est le renoncement à la croyance du moi que « tout doit se passer comme je le veux », ou que « c'est ainsi que les choses doivent être, et pas autrement ». Je ne peux pas contraindre un papillon à émerger de son cocon avant l'heure. Je ne peux pas tirer sur les pétales d'une rose en bouton pour faire croire qu'elle est ouverte.

Pratiquer dans le temps

1. Considérez le temps qu'il vous a fallu pour travailler les questions importantes de votre vie, pour leur trouver des solutions, et même pour savoir quelles étaient ces questions. Considérez le temps qu'il vous a fallu pour rencontrer les gens qui pouvaient vous apprendre ce que vous aviez précisément besoin de savoir, surtout sur les relations humaines. En quoi respectez-vous ou non votre calendrier en ce moment ? Laissez-vous le temps suivre son cours et restez-vous patient, prêt à vous lever pour l'action au moment propice ? Trouvez un exemple et pratiquez ce mélange de mouvement et de pause. Le ballet classique se fonde précisément sur cette combinaison d'alternances.

2. Notre calendrier doit inclure le temps de mijotage. Quand vous êtes face à un choix important, vous pouvez essayer cet exercice : désirer quelque chose pendant trente jours d'affilée avant d'être certain de le vouloir réellement. En quoi votre vie serait-elle différente si vous aviez laissé passer une nuit de sommeil avant de prendre des décisions importantes ? Pouvez-vous appliquer cette pratique aujourd'hui ? Les autres peuvent avoir un rythme très différent du vôtre et ainsi vous frustrer. Vous souhaitez avant tout la réussite de ceux que vous aimez. Vous voudriez parfois les forcer à avancer plus vite qu'ils n'ont choisi de le faire. Le respect des autres se révèle dans le respect de leur calendrier. Quand quelqu'un semble prêt et choisit de ne pas avancer, il ne faut pas le forcer ou le pousser, mais

laisser aller et autoriser. Une douce politique d'encouragement, qui informe avant de laisser faire, est souvent la plus efficace. Pouvez-vous appliquer cela à une relation quelconque de votre vie en ce moment ?

3. En explorant l'asynchronie dans votre vie, avez-vous la sensation que rien ne marche ni ne tombe à sa place, que vous tombez sur une impasse après l'autre ? C'est une bonne règle de multiplier d'abord vos efforts. Mais à quel moment tirez-vous un trait en vous disant : « Voilà. Il est temps de laisser tomber et de passer à autre chose » ? Il n'y a pas de moyen infaillible de savoir s'il vaut mieux rester là ou lâcher prise et avancer. Ces critères d'asynchronie peuvent toutefois vous y aider.

Laissez tomber si vos efforts :

Vous épuisent et détruisent votre estime de soi.
Deviennent dangereux ou intrusifs pour les autres.
Vous semblent forcés.
Sont de moins en moins fructueux.
Vous explosent de plus en plus souvent à la figure.
Vous empêchent d'essayer une option entièrement nouvelle qui vous attend ailleurs.
Semblent anachroniques – ne sont plus en phase avec vous, avec votre âge ou avec votre niveau de conscience.
Sont fondés sur les messages que vous avez entendus dans l'enfance, vous disant de réussir et de vous montrer fort quoi qu'il advienne.
Contredisent le message clair de quelqu'un qui vous dit d'autant plus « non » que vous essayez d'en obtenir un « oui ».
Sont fondés sur la pensée magique (vos souhaits, vos désirs) et non sur ce que vous montre la réalité.

Appliquez ces critères à quelque chose que vous essayez d'accomplir. Qu'essayez-vous d'obtenir de vos enfants, de votre partenaire, de vos amis, de vos parents ou de vos associés ? Qu'essayez-vous de vous pousser à faire – sans résultat ? Est-ce de l'obstination ou un effort intelligent ? Demandez conseil à une personne de confiance.

L'asynchronie passe souvent inaperçue. Pourtant, les sorties synchrones et gracieuses ont leur dignité. Voici quelques indices pour vous aider à savoir quand il est temps d'y aller :

Je donne plus que je ne reçois.
J'en fais de plus en plus avec de moins en moins de résultats.
J'ai l'impression d'abandonner quelque chose au lieu de donner et de recevoir quelque chose.
Ma santé souffre à cause du stress.
Même ce que j'aimais faire autrefois – et que je suis capable de faire bien – me semble à présent plat, éculé et inconfortable.
Je ne suis plus efficace.
Mon plaisir et mon enthousiasme ont disparu.
Je ne trouve plus d'idées créatives.
J'en ai trop fait, pendant trop longtemps, pour trop peu de remerciements.
Je travaille à changer les choses, mais rien n'y fait.
Les choses elles-mêmes persistent à aller de travers, quelques efforts que j'y consacre.
Je suis coincé avec le doigt dans la digue pour tenter d'empêcher le désastre.
Le même schéma d'inefficacité ne cesse de se répéter.
L'argent ou le prestige sont devenus ma seule motivation pour rester.
Je n'avance pas parce que j'ai peur du changement.
Je ne vois pas d'alternative à ce que j'ai.

Je doute de jamais trouver autre chose de mieux.
Je n'ai pas de forces adjuvantes qui m'encouragent à rester.

Tout cela s'applique-t-il à moi dans mon travail, dans mes relations, dans mes engagements, etc. ? Dans ce cas, quel est le programme de changement que je sais peut-être devoir appliquer mais que je n'applique pas ? Faites un tout petit pas dans ce sens aujourd'hui, et un autre demain ou la semaine prochaine. Si vous trouvez trop difficile de vous mobiliser par vous-même, envisagez de trouver de l'aide auprès d'une personne de confiance ou en thérapie. On ne peut pas faire tout le travail tout seul, sinon à quoi servirait d'être né dans un vaste monde ?

CHAPITRE V

Destin ou destinée ?

> « Nous sommes poussés par le destin à la destinée vers laquelle nous refusons de marcher. »
>
> Carl Gustav JUNG

Notre destinée accomplie

Le destin laisse souvent l'avenir se modeler sans considération pour nos espérances, nos projets ou notre degré de préparation. La modification compétente de nos choix de vie par le destin est comme la toilette qu'on fait aux enfants pour leur premier jour d'école : peignés, astiqués, bien habillés et brillants comme des sous neufs. C'est ainsi que l'on nous prépare à prendre nos leçons de vie.

Les anciens Grecs personnifiaient le destin : les trois Parques étaient trois sœurs qui décidaient du fil de la vie, de l'amour et du pouvoir de chacun. Lachésis décidait de la longueur du fil ; Clotho dévidait l'écheveau ; Atropos enfin coupait le fil quand l'heure était venue.

C'est là une métaphore de la présence d'une force ou d'un pouvoir transcendant qui dispose quand notre moi propose. Chaque projet humain, chaque vie, relation, lien de pouvoir, consolation, chagrin, etc., a sa propre durée de vie. J'ai le sentiment que quelque chose de « plus grand » que moi est à l'œuvre en dehors de mon contrôle. Ce plan est mon *destin* quand je suis à sa merci, c'est-à-dire saisi par surprise, luttant bec et ongles, montrant le poing au ciel. C'est ma *destinée* quand j'y adhère par choix, en toute conscience et en pleine coopération – même s'il n'y a pas de mal à essayer d'adoucir un peu le sort ! La synchronicité me montre l'endroit où conduit le fil, quelle est sa longueur, et qui ou quelle chose le déroule dans ma vie en ce moment.

Le sommet de la synchronicité est son aptitude à révéler notre destinée, qui peut signifier simplement l'histoire de notre vie, ou l'objectif plus vaste que nous visons dans ce livre. La destinée peut alors être le dessein évolutionnaire de l'univers entier en train de s'accomplir dans le quotidien de nos vies humaines. « La vie est un combat pour parvenir à être en réalité ce que nous sommes en idée [...]. Notre volonté est libre de réaliser ou non le dessein vital que nous sommes, mais que nous ne pouvons ni modifier ni abréger », écrivait le philosophe José Ortega y Gasset.

Ce que nous refusons d'amener à la conscience nous revient sous forme de destin. Cela nous frappe de l'extérieur quand nous refusons de tenir compte de ses avertissements intérieurs. C'est pourquoi il est sage de forger un accord durable avec l'univers, qui ne peut être qu'un Oui inconditionnel à ce qui est. Il existe une synchronicité permanente dans le lien entre nos talents ou nos dons innés et le travail de notre vie. Nos talents nous apportent une joie extatique quand nous les pratiquons. Quand la joie et le talent arrivent ensemble, nous savons où est notre vocation et nous agissons en conséquence. En outre, nous rencontrons dans notre carrière des gens dont les inclinations sont semblables aux nôtres – des collègues, des amis ou des compagnons pour la vie. Tout cela survient d'une façon synchrone, de sorte que la personne que nous avons toujours été crée la personne que nous sommes en suivant une heureuse continuité. La synchronicité est complète quand nous sommes reconnaissants de la grâce par laquelle tout cela est arrivé, et quand nous sentons grandir notre conscience spirituelle.

Nous tirons un sentiment d'accomplissement particulier de voir notre travail aider notre famille et contribuer à sa façon à l'humanité. C'est ainsi que nos intérêts innés nous mènent à notre destinée. « Mon travail est celui d'un être collectif et il porte le nom de Goethe », écrivait Goethe. Notre travail sur nous-mêmes nous rend suffisamment sains pour pouvoir transcender assez longtemps nos gratifications immédiates et offrir ainsi notre contribution au monde. C'est pourquoi la compassion est toujours un élément essentiel de la spiritualité. « L'individuation ne repousse pas le monde, mais l'asssemble à lui-même », dit Jung.

Il y a de la synchronicité dans le fait que parmi tous les gens présents sur terre aujourd'hui, certains, en se rassemblant, ont précisément ce dont le monde a besoin pour évoluer pleinement. Certains de nos condisciples sont des modèles et des héros, tandis que d'autres sont des fripouilles. Certains sont en tête de leur classe et d'autres échouent. Certains aiment leur *alma mater* et d'autres ne pensent qu'à la détruire. En tant que membre de cette classe, j'ai une contribution unique que nul autre que moi ne peut faire. Je suis un indispensable participant au déploiement et à la protection de mon monde. Ceux qui sont vivants cette année possèdent une ample et précise combinaison d'ingrédients et de forces permettant de nourrir le monde d'aujourd'hui. Ces forces vont venir au secours de ceux qui sont du côté obscur. Comment puis-je douter que j'ai un rôle à jouer dans cet arc de totalité qui se meut en suivant un calendrier aussi parfait vers l'éternel commencement ? Les personnes présentes dans ma vie et sur la planète sont là pour recevoir mes dons. Elles sont aussi des forces adjuvantes dans ma découverte de soi. Notre accomplissement personnel requiert des ressources plus vastes que notre simple personne et notre famille. Cet alignement des objectifs personnels et universels est une parfaite illustration de la façon dont la synchronicité et la destinée marchent de pair. Les désirs montagneux de notre cœur sont les désirs des collines éternelles de la terre.

C'est ainsi un fait synchrone qu'ici et maintenant le monde a toujours les ressources humaines dont il a besoin pour faire progresser son évolution à la manière qui convient à l'époque. La nature participe de la même synchronicité par ses mouvements de croissance et de changement à chaque époque, dans les saisons comme dans les espèces. La nature connaît des périodes glaciaires et des ères tempérées en accord avec les exigences générales de l'évolution. Je suis ici au bon moment – et juste à temps – pour apporter ma contribution, et la nature me soutient en offrant les conditions exactes qui soutiennent cette entreprise. Il en va ainsi des gens qui peuplent ma vie, aujourd'hui et dans le passé.

Jonas est l'archétype biblique du refus de sa propre destinée. Il se déroba à la charge de prophète, et Jéhovah le punit pour avoir refusé de répondre à cet appel. Il fut avalé par une baleine et ainsi contraint de ravaler sa fierté. « Nous trouvons notre destinée sur la voie que nous prenons pour l'éviter », disait Jung.

Il y a aussi des époques de la vie où nos refus sont autorisés à persister, et alors « un grand prince gît en prison », dit le poète John Donne. La plus grande tragédie pour nous est d'être distraits de notre destinée et de perdre notre pouvoir à activer notre potentiel à cause d'années de blocages, de paresse, de dépendance ou de relations abusives, ingérables, amoindrissantes et emprisonnantes. Un grand potentiel en nous risque ainsi de s'évanouir si rien n'est fait pour arrêter sa dissolution. Le monde est dans l'attente pendant que nous jetons au vent notre fortune. Nous sommes dans l'attente pendant que nous nous jetons nous-mêmes à tous les vents. Il n'y a pas de garantie qu'une baleine interviendra pour nous, comme elle l'a fait pour Jonas, ou qu'une tornade surgira, comme pour la petite Dorothy du *Magicien d'Oz*. Le défi consiste à trouver notre destinée précisément là où nous refusons de nous engager. Ce n'est pas une tâche aisée. Il est difficile de s'arrêter pour jeter un regard en arrière alors que nous filons à pleine vapeur dans le sens inverse. *Ma véritable destinée est-elle inscrite sur un parchemin enroulé dans une bouteille et confié à la mer pour que quelqu'un ne le trouve que longtemps après ma mort* ?

Une part de la difficulté à découvrir qui nous sommes et à quoi nous sommes appelés vient des injonctions et des impératifs toxiques que nous avons introjectés. Nous sommes imprégnés des idées de nos parents qui ont interrompu notre émergence. Ce peut être des messages verbaux qui niaient notre pouvoir, des croyances qui nous diminuaient ou nous inhibaient, ou des images de ce que *devrait* être un homme ou une femme. Ces trois formes de débris de l'enfance jonchent désormais notre psyché et nous empêchent d'avancer librement vers notre destinée personnelle. Ce sont des mythes généraux qui ne cadrent pas avec notre réalité actuelle. Nous devons les examiner et les écarter s'ils nous sont inutiles, s'ils nous handicapent ou s'ils nous désarment. Seuls les messages, les croyances et les images qui animent notre potentiel et le libèrent doivent être chéris et préservés. L'obéissance aux messages, aux croyances et aux images de défaite nous dénie la chance de nous réaliser. Dans cette obéissance, il nous est impossible de nous aimer, alors qu'y parvenir, c'est vivre notre propre destinée. « À qui dois-je obéir ? »

Vos expériences et vos choix de vie sont parfois alignés sur un système de croyances qui a le désespoir pour ligne de force. « Je suis destiné à perdre », « Rien de ce que je fais ne marchera jamais », « Je ne serai jamais assez bon. » Ces négations de soi ne viennent pas de notre véritable soi, mais sont un fardeau étranger qui a parfois été glissé dans notre psyché au tout début de notre vie. Avant que nous puissions faire nos propres choix, nous avons hérité comme d'un fardeau des peurs et des croyances de nos parents. Pour ne pas briser le lien crucial avec eux, nous les avons rejoints dans leur désespoir sur nous/sur eux-mêmes. Cela s'est accompli au prix de notre propre expérience du monde. Désormais les lueurs d'optimisme, les signes encourageants, les projets pleins d'espoir, et même les mots aimables ou les compliments tombent à plat pour nous, perdus dans les sables mouvants de l'incrédulité et du désaveu systématique.

Le désespoir est l'illusion qu'un destin inexorable nous pousse et emporte toutes nos entreprises. La synchronicité nous dit qu'il n'y a pas de destin inexorable. De nouveaux choix surgissent et de nouvelles voies apparaissent jusqu'à la onzième heure de la journée de notre vie. Même si la voie consiste à faire le deuil d'une fin, l'étape suivante est de continuer. Et même s'il s'agit de notre propre fin, ne sommes-nous pas encore capables de saluer le crépuscule avec dignité, équanimité et une sérénité profondément satisfaite ?

Dans le film *L'Opus de Mr Holland*, le personnage principal est un professeur de musique qui a aidé de nombreux jeunes gens à découvrir leur potentiel. Mr Holland était né pour enseigner, mais il se désespère parfois parce que ce qu'il voulait vraiment, c'était diriger un orchestre symphonique. Certains connaissent une grande réussite et semblent atteindre le cœur de leur destinée par leur carrière, alors qu'ils auraient voulu autre chose. Il n'y a pas de garanties dans le monde énigmatique du Soi. Nous découvrons que nous ne sommes pas responsables de la façon dont les choses tourneront pour nous, ni de la façon dont elles ont déjà tourné. Nous réalisons que nos souhaits, ou même nos choix ou nos succès ne peuvent nous informer sur notre destinée véritable. C'est un mystère de la synchronicité que la vie/ la destinée œuvre de façon juste pour certains et pas pour d'autres. La synchronicité possède un pouvoir qui dépasse la volonté du moi – une autre façon de dire qu'elle est une grâce dotée d'une volonté propre.

La question se pose : en quoi suis-je responsable, si les choses qui m'arrivent sont au-delà de ma maîtrise ou de ma volonté ? L'Iliade donne à cela une réponse apparemment contradictoire : Agamemnon suscite la colère d'Achille en lui volant sa femme esclave. Il dit ensuite à Achille : « Puisque la destinée m'a poussé à cet acte, je vais offrir une compensation. » « Ce qui est arrivé a été voulu par Zeus », répond Achille. Mais remarquez que même si l'un et l'autre rendent le destin/le dieu responsable de ce qui est arrivé, la capacité à reconnaître sa responsabilité et à faire amende honorable revient à Agamemnon. Nous ne sommes peut-être pas à l'origine de « ce qui est », mais nous sommes comptables de la façon de le gérer.

Il n'y a pas de conflit chez quelqu'un qui a trouvé l'illumination entre ce qui lui arrive et son propre choix, puisqu'il y a toujours une coïncidence, un alignement entre sa volonté personnelle et celle de l'univers. Cela s'articule dans un Oui inconditionnel à ce qui est. Par ce Oui, je deviens l'incarnation des lois et des harmonies de la nature. Shakespeare l'affirme avec profondeur dans le discours auquel nous ne cessons de revenir du *Marchand de Venise* : « Le calme, le silence et la nuit conviennent aux accents de la suave harmonie [...] une harmonie pareille existe dans les âmes immortelles. »

Comment savoir ce que nous voulons

1. Voici quelques suggestions qui peuvent vous aider à découvrir et à embrasser votre propre réalité, et de là à progresser vers l'accomplissement de votre destinée. Elles peuvent vous aider à savoir qui vous êtes réellement et comment agir sur ce savoir de façon saine.

Dites à vos proches ce que vous ressentez vis-à-vis d'eux, si embarrassant que cela puisse être.

Si c'est nécessaire, autorisez-vous à laisser une question stressante en suspens, le temps de rassembler vos forces. Puis revenez affronter votre partition avec un sentiment de puissance personnelle.

Faites une pause pour tenir chaque sentiment, pour le bercer et le laisser se déployer pleinement en vous. Les distractions et les évitements ne font que vous dissimuler à vous-même. Nous apprenons tôt dans la vie à négliger nos sentiments authentiques pour « ne pas blesser les sentiments des autres ». Cette méthode de pause inverse cet inutile auto-sacrifice.

Embrassez ce programme triple-A pour gérer la peur : admettez votre peur, autorisez-vous à la ressentir, puis agissez comme si elle ne pouvait ni vous arrêter ni vous conduire.

Certaines peurs sont des obstacles à ce que vous voulez réellement. D'autres sont des signes que vous êtes en train d'essayer quelque chose que vous ne voulez pas faire. Par exemple, vous redouter de vous engager avec un(e) partenaire. Si cette peur est un obstacle à franchir dans votre propre évolution, appliquez le programme ci-dessus pour *satisfaire* vos besoins et vos désirs véritables. Si cette peur est un avertissement que vous n'êtes pas taillé pour une relation profonde, mais seulement pour de plus légères, alors prenez la peur comme une *information* sur vos besoins et vos désirs véritables. Comment faire la différence ? Laissez simplement parler vos archives personnelles. Comment vous êtes-vous comporté dans la plupart de vos relations ? Qu'est-ce qui a marché le plus souvent ? La peur vit sur l'isolement, l'enfermement et l'impuissance. Admettre que l'on a peur abaisse le moi et met fin à l'isolement, puisque plus un sentiment est profondément personnel, plus vous pouvez être certain qu'il est largement ressenti par vos compagnons pèlerins.

2. Il y a un lien entre la connaissance de soi et l'estime de soi. Considérez ces trois chevilles d'estime de soi et voyez en quoi elles s'appliquent à vous.

- Agissez de la façon la plus aimante possible envers tout un chacun.
- Donnez-vous un sentiment d'accomplissement en tirant le maximum de vos talents et de votre potentiel. C'est un travail qui exige en général beaucoup de discipline et de patience.
- Offrez-vous la liberté d'agir et de vivre en accord avec vos désirs et vos besoins les plus profonds. Tel est le secret pour découvrir qui vous êtes réellement libéré des injonctions et des inhibitions de votre enfance.

Voici quelques façons de connaître vos désirs et vos besoins réels :

Libérez-vous de l'inhibition et de l'avidité et voyez les résultats.

Dites la vérité sur vous. L'ouverture conduit à la connaissance de soi.

N'hésitez pas à vous interroger sur ce que vous savez déjà vouloir ; peu à peu, vous interrogerez les autres et vous-même sur des choses plus profondes.

Posez des limites dans vos relations et vous en apprendrez beaucoup sur vous et sur vos véritables besoins. Dans une relation vraiment saine, vous n'avez pas à enfouir, à nier ou à tuer vos désirs et vos besoins profonds.

Avant chaque entreprise, posez-vous cette question : « Cela me rend-il heureux et me donne-t-il le sentiment d'un accomplissement ? » Notez combien vous obtenez de « oui » et de « non ».

Quelle part de ce que vous faites dans la vie découle d'un choix heureux, et quelle part est fondée sur un sentiment d'obligation ou sur l'habitude ? Résolution : « Je ne ferai plus de choix ou de promesses qui répudient ou tiennent pour rien mes désirs et mes besoins véritables. »

Étudiez vos propres archives. L'histoire de ce que vous avez réalisé au cours de votre vie vous en dit plus sur vous-même que le fantasme de ce que vous auriez voulu faire, ou de ce que vous prétendez vouloir.

Si vous agissiez au niveau le plus élevé de conscience, de santé et de spiritualité, en quoi votre vie serait-elle différente ? La différence révèle sans doute ce que vous voulez vraiment et ce qui vous est réellement nécessaire.

Ce que vous admirez tant chez les autres peut être ce que vous voulez – et ce que vous pouvez – accomplir.

Ce que vous voulez pour vos enfants et vos meilleurs amis peut vous indiquer ce que vous voulez pour vous-même.

Considérez les ingrédients de votre vie actuelle, comme vos relations, votre logement, votre travail, vos amis, votre régime alimentaire, etc. Projetez-vous sur le spectre suivant pour voir combien vos choix reflètent vos véritables souhaits : de la détestation à l'indifférence, puis à l'intérêt, à l'enthousiasme, et enfin à l'excitation.

Faites un inventaire de vos peurs. L'autre face de la médaille de la peur porte une excitation/ un risque qui reste à vivre. C'est là que gisent nos sentiments, nos souhaits et nos besoins privés d'expression.

Où vous conduisent vos rêves et la synchronicité ? Répondez à chacune des entrées sur la liste ci-dessus, en notant les sentiments, les désirs et les besoins qui reviennent le plus fréquemment.

3. Considérez les choix majeurs de votre vie : étaient-ils fondés sur les messages, les croyances et les images des autres, ou sur les vôtres ? Les avez-vous examinés consciemment avant de les choisir délibérément ? Portez-vous le mythe de quelqu'un d'autre, une présence étrangère en vous ? Le travail consiste à vous débarrasser des mythes et des échecs que vous êtes le premier à entretenir. Considérez en même temps ce qui a marché pour vous, ce qui vous a mené à la joie et au succès. Qu'est-ce qui a échoué ? Qu'est-ce qui a été abandonné ou au contraire préservé ?

Le mot « destinée » vient du mot latin signifiant « déterminer ». On l'utilise dans les sens suivants : déterminer le lieu et le moment d'une exécution, établir quelqu'un dans une charge, pointer une arme, épouser pour une femme, fixer son regard sur un objet à acquérir, agir intentionnellement. Ces définitions sont toutes délibérées et conscientes, dénotant la destinée non comme une chose que l'on nous impose, mais que nous recherchons consciemment. Considérez l'histoire de votre vie et notez trois moments où la destinée a semblé vous arriver d'elle-même, et trois moments où vous avez eu une part dans ce qui vous arrivait. Poursuivez votre examen pour découvrir une similarité dans ces six situations.

Parvenu à ce point, vous remarquez peut-être des synchronicités plus fréquentes dans votre quotidien. Le fait de les chercher en lisant ce livre peut les attirer vers vous.

Histoire d'un destin

Voici une histoire, sans doute apocryphe, pleine de synchronicités sur un saint catholique du moyen-âge. Elle illustre la façon dont le destin peut conduire à la destinée quand le moi devient humble :

Julien, un jeune noble hautain, chassait un jour au plus profond de la forêt quand il tomba soudain sur un mystérieux cerf blanc. Il fut stupéfait quand le cerf s'adressa à lui : « Tu ne me tueras pas, mais un jour tu tueras tes parents ! » Profondément troublé et refusant un tel destin, Julien s'enfuit secrètement la nuit même de chez ses parents. Après un long et épuisant voyage, il se retrouva dans un autre royaume. Son habileté aux armes ne tarda pas à le distinguer, et il finit par être invité à rejoindre la garde personnelle du roi.

Le roi fut contraint de reconnaître les prouesses de Julien au combat, sa fière intégrité, la noblesse de son port, et même l'étrange tristesse qui l'envahissait parfois et le faisait paraître plus mûr que son âge. Il l'ordonna bientôt chevalier et lui donna un château et même la main de sa fille. La princesse Catherine était belle et connue pour sa piété et sa bonté pour les pauvres. Lors de leur nuit de noces, Catherine interrogea son mari sur ses origines. Julien lui confia honnêtement la prophétie et l'exil qu'il s'était imposé. Elle éprouva de la compassion en le voyant ainsi enchaîné par la superstition et la peur, et espéra qu'il apprendrait à s'en remettre à la providence de Dieu.

Pendant ce temps, les parents de Julien, stupéfaits et chagrins de son départ, s'étaient lancés à sa recherche à travers le monde. Une nuit que Julien chassait avec ses gens, ses parents, épuisés de leur long voyage, arrivèrent devant la grille de son château, ignorant que c'était la demeure de leur fils. La princesse Catherine, toujours bonne aux pèlerins qui frappaient à sa porte, accueillit ces étrangers. Une fois assis devant un bon feu, les vieux racontèrent leur longue quête. En les écoutant, la princesse comprit qu'ils n'étaient autres que les parents de son mari. Quelle merveilleuse surprise ce serait pour lui de les serrer dans ses bras au matin ! Sans rien leur dire encore, elle leur donna son propre lit conjugal et se rendit à la chapelle pour rendre grâces d'une telle synchronicité.

La même nuit, alors qu'il campait dans les bois, Julien entendit deux de ses hommes chuchoter que sa femme lui était infidèle. Aussitôt, il sella son cheval et retourna à bride abattue au château, son moi boursouflé et insulté brûlant de vengeance. Tandis que sa femme s'était endormie dans la chapelle, il arriva hors d'haleine dans sa chambre et vit en effet deux formes embrassées sous les draps. Il les transperça de plusieurs coups d'épée en criant de rage. Ses cris alertèrent Catherine qui revint de la chapelle avec une torche, révélant le honteux et sanglant accomplissement de la prophétie du cerf.

Julien et Catherine prirent le deuil ensemble et, en repentance, firent de leur château un hôpital pour les miséreux. Les malades et les pauvres vinrent de tout le royaume pour jouir de leur hospitalité aimante. Beaucoup trouvèrent la guérison entre les mains de leur hôte, qui est aujourd'hui saint Julien, le patron des hôteliers.

Pas de place pour le hasard

« Il n'y a pas de place pour le hasard
dans le monde plein de sens de la psyché. »
Carl Gustav JUNG

Le hasard est l'élément imprévisible, inattendu, incontrôlable et inconnu dans des événements qui nous surprennent de façon heureuse ou au contraire nous choquent. Il n'a pas d'explication. Il est erratique en ce sens qu'il n'est pas soutenu par un modèle ou un plan identifiable. Pourtant, le psychanalyste Heinz Kohut pensait peut-être à quelque chose qui transcende le hasard en parlant du « pouvoir de guérison du déploiement au hasard ». La synchronicité prend des événements dûs au hasard et les lie à notre destinée par la signification qui émerge d'eux, ou à travers eux. C'est ainsi que la synchronicité intervient pour des enjeux plus grands que le simple hasard ou la seule chance.

Le hasard ou la chance est pure coïncidence, c'est-à-dire synchronisation. La synchronicité est une coïncidence pleine de sens, qui affecte la vie, dirige la destinée et nous offre un encouragement spirituel. Le hasard et la synchronicité peuvent sembler identiques dans leur façon de déployer un événement, mais ils sont aux antipodes. Ce qui fait tourner le hasard en synchronicité, c'est la conscience du déploiement en nous d'un dessein plus vaste. Le hasard nous arrive ; la synchronicité arrive en nous. Le hasard et la chance sont les escortes de la synchronicité quand nous les accueillons avec attention. C'est une autre façon de voir le lien nécessaire entre synchronicité et conscience.

Ceux qui n'honorent pas ou ne croient pas en la conscience spirituelle parlent souvent de hasard et de chance. Certains dénient totalement la réalité du spirituel ou du transcendant, attribuant tous les événements de la vie au hasard. Pourtant, le hasard est bien transcendant lui aussi, puisqu'il survient hors de tout contrôle du moi. Le hasard peut donc être un simple mot pour désigner la synchronicité, comme la chance est un simple mot pour la grâce. Il existe une sortie à notre monde mortel, mais heureusement, il n'y a pas de sortie du monde spirituel.

C'est dans ce cadre que se situe la croyance spirituellement fondée que la synchronicité contient plus de choses que l'œil ne peut en voir ; qu'un ordre existe sous l'apparence du hasard, et que cet ordre veut se manifester. Cette croyance n'entraîne pas forcément le déisme. On peut refuser l'idée classique d'un Dieu personnel et pourtant croire en un ordre de l'univers qui se manifeste de façon unique en chacun de nous. Ce calibrage ordonné de l'univers vise à l'harmonie de l'homme et de la nature, des personnes entre elles, de la matière et de l'esprit. *Quelque chose, nous ne savons pas quoi, agit, nous ne savons pas comment, dans chaque cœur ; en revanche, nous savons bien* pourquoi : *pour libérer dans le monde existentiel la réalité essentielle de l'amour, de la sagesse et de la guérison.* Le Tao l'exprime ainsi : « Il y a quelque chose sans forme et pourtant complet qui existait avant le ciel et la terre. Combien tranquille ! Combien vide ! Ne dépendant de rien, inchangeant, partout répandu en toute chose, infaillible. [...] Je l'appelle le sens. » Ce sens est la synchronicité.

En fait, le hasard et l'ordre travaillent de concert. Nous en voyons un exemple frappant dans la proportion d'hommes et de femmes dans le monde. Il n'y a pas de disparité majeure entre eux – même s'il y a un peu plus de femmes. Le genre d'un fœtus dépend du hasard, et pourtant une autre force est à l'œuvre qui conserve une proportion égale dans la population. La loi des probabilités est à l'œuvre en ceci, les nombres reflétant, voire nourrissant l'ordre de l'univers par leur corrélation avec le hasard.

Le hasard peut n'être qu'une façon joueuse qu'a l'univers de collaborer avec nous dans l'accomplissement de notre destinée. Ainsi, la synchronicité intègre l'irrationnel dans un processus organisé d'évolution. Le défi est toujours le même : croire dans un dessein signifiant malgré une présentation au hasard. Nous voyons dans l'histoire les humains se montrer d'une ignorance crasse et destructeurs, mais aussi touchants dans leur réactivité et leur capacité à réparer. C'est Gandhi peut-être qui exprimait le mieux cette tension entre notre aspect existentiel et notre conception essentielle : « Je vois que l'humanité survit encore après toutes ses tentatives pour se détruire, et je présume donc que c'est la loi de l'amour qui mène l'humanité. »

> « Le ciel dissimule à toutes les créatures le Livre du destin,
> Hors la page du présent de ce qui est prescrit […]
> Ô aveuglement sur l'avenir donné dans la bonté,
> Que chacun puisse remplir le cercle tracé par le Ciel :
> Qui voit avec l'œil de Dieu
> Un héros qui périt et un moineau qui tombe,
> Des atomes ou des systèmes dévastés,
> Et à présent une bulle éclate et maintenant un monde. »
>
> Alexander POPE, *Essai sur l'Homme*

De plusieurs façons de prédire l'avenir

La synchronicité est-elle une forme de superstition ? La superstition est une croyance irrationnelle en un lien de cause à effet quand il n'en existe aucun en réalité : par exemple, la croyance qu'un chat noir qui croise votre route est signe de malchance. La synchronicité se fonde sur une signification qui transcende la raison, et non sur une croyance irrationelle. La superstition persiste par ignorance des lois de la nature, ou par une foi trompeuse dans le hasard magique. La synchronicité est soutenue par une sagesse à long terme sur la corrélation entre une coïncidence et quelque chose de spirituel qui chemine. On en voit des exemples dans les dispositifs de divination comme le Yi Jing ou les cartes du Tarot. Nous choisissons fatalement l'hexagramme ou la carte qui coïncide avec notre situation. Cette connectivité signifiante se fonde sur la croyance que la psyché va nous diriger vers l'information exacte dont nous avons besoin à ce moment précis.

Le Yi Jing est l'ancien « Livre des mutations » chinois. C'est un texte que l'on consulte à propos de ses choix de vie, et il fonctionne entièrement par synchronicité. Celui qui interroge jette des bâtonnets ou lance des pièces pour déterminer la section du livre qui parle précisément de la situation où il se trouve. La philosophie du Yi Jing affirme que toutes les affaires humaines sont gouvernées par une loi unique, celle du changement. Cette inclination au changement a une géométrie. Elle se manifeste en soixante-quatre processus présentés sous la forme d'hexagrammes graphiques. Quand nos choix personnels s'alignent avec ces processus, il en résulte une harmonie entre nous et l'univers. Cela signifie que nous vivons notre destinée. Dans cette approche chinoise de la réalité, le point central de mutabilité est le cœur de l'univers. Ce centre est parfaitement immobile, mais ses rides concentriques portent les nombreux et constants changements auxquels nous assistons. C'est le même concept que celui du mandala, une unité qui autorise, génère et transcende la dualité. Le Yi Jing est fondé sur la croyance que la coïncidence est instructive et que notre propre main jetant les pièces est la psyché qui nous dirige vers l'information précise dont nous avons besoin. Le livre/processus est une ressource de l'âme, puisqu'il aborde le point auquel se rencontrent le conscient et l'inconscient – soit la définition de l'âme.

Jung considérait le Yi Jing comme la meilleure expression du principe de synchronicité : « L'âme chinoise, telle que je la vois à l'œuvre dans le Yi Jing, semble exclusivement préoccupée de l'aspect hasardeux des événements. Ce que nous appelons coïncidence semble le principal souci de cet esprit spécifique, tandis que ce que nous adorons comme la causalité passe quasiment inaperçu. […] Alors que l'esprit occidental crible, pèse, choisit, classifie, isole avec soin, l'image chinoise du moment englobe tout, jusqu'au plus absurde petit détail, parce que tous ces ingrédients participent du moment observé ».

Le jeu de Tarot est composé de 78 cartes : un Arcane majeur de 22 atouts, comportant un bateleur/un fou – c'est-à-dire une canaille, et un Arcane mineur de 56 cartes composé de quatre suites – les coupes, les bâtons, les épées et les deniers. Les cartes de l'Arcane majeur correspondent aux lettres de l'alphabet hébreu et dépeignent des figures, des vertus et des métaphores archétypales et alchimiques, destinées au départ à être considérées et étudiées comme des signes du tout. Au XVIIe siècle, elles devinrent les signes des fortunes humaines. Les figures apparaissent dans cet ordre : le Magicien, la Papesse, l'Impératrice, l'Empereur, le Pape, l'Amoureux, le Chariot, la Justice, l'Hermite, la Roue de fortune, la Force, le Pendu, l'Arcane sans nom (la mort), la Tempérance, le Diable, la Maison Dieu (la tour frappée de l'éclair), l'Étoile, la Lune, le Soleil, le Jugement, le Monde, et enfin – ou d'abord – le Bateleur (le fou). Les cartes présentent une image du chemin de la destinée à travers l'initiation.

Les suites de l'Arcane mineur représentent aussi les forces archétypales. Le denier représente les forces matérielles du monde : le bâton est le pouvoir de l'autorité, la coupe est le calice du sacrifice, et l'épée est la décision de justice. Chaque suite compte un roi, une reine, un cavalier et un valet, qui représentent les catégories du pouvoir terrestre. Les bâtons sont le gouvernement ; l'armée est désignée par les épées ; la prêtrise est désignée par les coupes – les calices ; et les deniers sont les quêtes intellectuelles et esthétiques.

Les cartes de zéro à onze de l'Arcane majeur nous conduisent sur la voie solaire : active, consciente, de style masculin. Les cartes douze à vingt-et-un indiquent la voie lunaire : passive, inconsciente, la mystique féminine. Chaque image combine le monde intérieur et extérieur des expériences humaines. Il s'agit de présenter une panoplie complète des possibilités archétypales dans chaque être humain, et de lui indiquer le prochain tournant sur sa route pour qu'il active ces potentiels. Le Tarot est ainsi notre propre livre d'images, et chacun de nous est le paquet de cartes tout entier.

L'astrologie est une autre source importante de synchronicité dans son étude de la coïncidence directe et signifiante entre la disposition des étoiles et le plan de notre vie. Dans une lettre à Freud en 1911, Jung écrivait : « Je pense que nous découvrirons un jour dans l'astrologie une bonne part de la connaissance qui a été intuitivement projetée vers le ciel. »

Les mouvements et les événements du monde s'accordent en synchronie avec les situations astrologiques. Les planètes et les constellations reflètent et prédisent des événements planétaires comme la Renaissance ou les guerres mondiales. Il y a aussi une synchronicité personnelle en astrologie, puisque notre psyché se reflète dans le ciel nocturne de notre naissance et de notre vie. L'inconscient contient en effet les planètes (les dieux) sous la forme d'archétypes. L'ensemble des planètes constitue l'inconscient, où se retrouvent toutes les figures archétypales familières issues des mythes : Mars est le héros, Jupiter est le roi, Vénus est l'âme-anima féminine, Uranus est l'esprit-animus masculin, Saturne est le père et le conservateur, Mercure est la canaille, la Lune est la persona et le Soleil est l'individuation. Le corps, le cœur et l'esprit correspondent à des couples de dieux. Le corps correspond au couple Mercure/Vénus ; les émotions correspondent au couple Mars/Jupiter ; et l'esprit correspond au couple Saturne/Uranus. « Je découvre par ma prescience que mon zénith dépend d'une étoile très propice, et, si je ne courtise à présent son influence [...], ma fortune à tout jamais déclinera » dit Shakespeare dans *La Tempête*.

Au Moyen Âge, Saint Albert le grand, inspiré par le mystique perse Ibn Sina, affirmait que la psyché a le pouvoir de modifier la matière et les choses extérieures quand elle est dans des états émotionnels très chargés et quand un schéma astrologique favorable coïncide avec elle. Pour que l'année soit complète et que la nature fonctionne, il faut une interaction de tous les signes. De même, l'humanité a besoin que sa population soit née sous tous les signes astrologiques pour réaliser l'unité complète de la communauté humaine. Un jury était au départ composé de douze hommes, chacun d'un signe astrologique différent pour assurer l'équité de ses jugements.

Le zodiaque (« le cercle des animaux ») contient douze symboles qui indiquent la situation sur terre quand le soleil est dans un secteur particulier du ciel. Le Bélier indique le printemps ; le Taureau, la croissance des plantes et l'accouplement des animaux ; les Gémeaux, la prolifération de la vie dans une unité écologique. Le Cancer indique que la sève de la vie s'écoule copieusement ; le Lion représente la fière puissance du soleil ; la Vierge est à la fois la moisson et les semailles pour l'année à venir. La Balance apparaît à l'équinoxe d'automne, qui conduit au Scorpion, le signe de la mort. Le Sagittaire est l'archer de la réflexion, qui regarde en arrière tout en chevauchant dans le solstice d'hiver ; le Capricorne, avec sa queue de poisson et son corps de bouc, représente la transition de l'ancien au renouveau alors que les jours s'allongent ; le Verseau, avec son amphore, est la pluie qui tombe en hiver. Enfin les Poissons, signe de la croissance cachée sous la terre détrempée, précèdent le Bélier et la floraison du lilas.

La psyché est elle-même comme un système solaire : instincts, émotions et pensées tournent autour des planètes du Soi et du moi. Le soleil représente la conscience et la lune l'inconscient. Ce sont les deux faces, intérieure et extérieure, de la psyché humaine. Les planètes sont les principes opérationnels de l'action, du cœur et de l'esprit. Le ciel et la terre ont des liens bien définis : notre sang coule et la coagulation est liée à la lune, comme les marées. « Tel en haut, tel en bas » dit l'alchimie médiévale. Uranus représente la rupture avec le familier pour embrasser le nouveau. C'est donc la planète qui représente la synchronicité. Uranus est l'intervention divine qui introduit des changements inattendus et des renversements de situation par le biais des nouveaux venus et des événements qui viennent croiser notre chemin. *Puis-je rencontrer l'inattendu sans rien d'autre que l'espace entre lui et moi ?*

Nous avons entamé ce livre par ces mots de Shakespeare : « Vois comme le parquet du ciel est constellé de disques d'or. [...] Une harmonie pareille existe dans les âmes immortelles ! » La psyché humaine contient toutes les étoiles et toutes les planètes, ces métaphores de notre complet potentiel. Ce ne sont pas seulement des corps célestes, mais des macrocosmes de notre microcosme individuel. Nous sommes formés de chacune de leurs orbites et de leurs vibrations, et nous y réagissons avec vivacité, parce que nous sommes faits à leur image. Le ciel nous *reflète* et nous sommes réellement les enfants des étoiles, reflets terrestres de constellations célestes. « Réjouissez-vous de ce que vos noms sont écrits dans les cieux », dit Luc (10.20).

« Cet appel a pu être une simple poussée dans le courant où vous dériviez, inconscients, vers un point donné du rivage. Mais quand vous regardez en arrière, vous sentez que le destin y a mis sa patte. »

James HILLMAN

CHAPITRE VI

Situations et crises

Les données de la vie humaine

Dans *Les cinq choses qu'on ne peut pas changer dans la vie*, j'ai montré comment réagir à certaines données de la vie [1]. Nous allons voir ici comment la synchronicité s'applique à ces données et à quelques autres.

On peut accueillir les conditions de l'existence grâce à l'acceptation, ou bien s'opposer à elles en se rebellant. Un adulte sain accepte ces conditions quand il comprend qu'elles sont irréversibles. Cela ne l'empêche pas de lutter pour modifier une situation donnée si elle doit le conduire au changement. La grâce nous offre la sagesse de connaître la différence. Dans le tableau ci-après, la colonne du milieu énumère les données de la vie, les conditions de notre existence humaine ; la colonne de gauche liste les réactions adultes à ces données, et la colonne de droite les réactions infantiles.

---

1. David Richo, *Les cinq choses qu'on ne peut pas changer dans la vie*, Paris, Payot, coll. « Petite Bibliothèque Payot », 2012.

Réaction adulte	*Données*	*Réaction infantile*
Je reste seul, je me concentre sur ce qui est et je m'ouvre pour le soutenir s'il croise ma route.	Je suis seul pour affronter les grands événements de la vie, y compris la mort. Je peux avoir du soutien, mais pas de sauveur.	Je remplis ma solitude de choses extérieures pour éviter de l'éprouver pleinement, ou j'attends un sauveur.
Je conserve les stades normaux : montée, crête, déclin, réalignement, abandon.	Tout est transitoire et changeant. Rien ne peut nous satisfaire de façon permanente.	Je reste fixé : je m'accroche, je deviens dépendant et contrôlant. Je continue à vouloir retenir les mains du temps.
Je la laisse se dérouler juste comme elle est.	La vie est imprévisible.	Je cherche des havres sûrs et des certitudes, en essayant de construire des digues ou des barrages.
J'accepte ce qui ne peut être changé ; je veille à ce qui peut être changé.	Souffrir fait partie de la vie : la vie émotionnelle et physique n'est pas toujours bonne.	J'ai droit à l'immunité. Je suis exempté de la loi ordinaire. Je mérite un traitement particulier.
J'accepte que les choses ne soient pas toujours justes, tout en travaillant pour la justice.	Les choses ne sont pas toujours justes.	Je suis conforté par la croyance que la punition du mal et la récompense du bien va arriver tôt ou tard.
J'accepte que certaines choses sont trop grosses pour que je puisse les gérer.	Nous serons parfois confrontés à plus que nous ne pouvons gérer.	Je n'aurai jamais plus à affronter que je ne peux pas gérer.

Ce ne sont pas seulement les conditions de l'existence : ce sont les conditions de l'évolution. Elles sont les prérequis pour qu'une vie humaine se déroule avec un objectif et un sens. Elles font de nous des personnages fascinants et, de notre histoire une intrigue passionnante. Embrasser les conditions d'existence suivantes peut fortifier notre évolution :

C'est tout seul que je trouve mon propre chemin.
C'est avec les autres que j'apprends à coopérer, à accepter le soutien d'autrui ou offrir le mien, et, de même, à voir les limites de ce que l'on peut attendre des autres.
C'est dans un monde transitoire que je transcende le temps en intemporel.
C'est dans un univers imprévisible que je déploie toute la force que j'ai pu rassembler.
C'est dans la souffrance que je peux entrer en contact avec mes ressources intérieures de force et connaître la compassion.
C'est dans un monde où je suis impuissant à combattre l'injustice que je peux lutter de toutes les manières possibles en faveur de la justice.
C'est lorsque j'affronte des choses trop fortes pour moi que je peux m'ouvrir à la grâce et, ainsi, étendre mes pouvoirs.

Les données de la vie ont divers noms : « malédiction d'Adam », volonté de Dieu, ou simplement condition humaine. Elles sont universelles : nul n'en est exempt et aucune ne peut être abrogée. Nous ne sommes pas victimes de ces conditions ; elles sont simplement la réalité humaine. Envisager ce fait, c'est se demander : « Ai-je le désir de partager la confusion et la douleur de mes frères humains ? Puis-je affronter la vie, comme l'écrit E.M. Forster dans *Howard's end*, non comme une victime ou un fanatique, mais comme un navigateur qui peut accueillir d'un œil égal l'immensité dans laquelle il entre et le rivage qu'il doit quitter ? »

En réalité, ces données sont précisément ce qu'il nous faut pour devenir les personnes que nous sommes. Des réalités déconcertantes comme la solitude, la souffrance des justes, la douleur de la croissance, etc., cessent d'être des questions quand notre spiritualité se fonde sur la confiance dans l'adéquation de ces conditions à notre évolution. Cette confiance est la monture fiable qui nous conduit hors des temps chaotiques de la vie. Les conditions de l'existence sont un peu comme les conditions météorologiques. Si j'habite une maison qui possède un toit, des murs et de robustes fondations, je peux laisser venir la tempête tout en me sentant à l'abri. « Même si les mers menacent, elles sont pleines de miséricorde », écrit Shakespeare dans *La Tempête*.

Les conditions de notre existence sont les forces adjuvantes sur la voie de notre destinée. Chacune est une synchronicité, puisqu'elle est liée à une découverte : sans la solitude, je n'aurais jamais découvert le vaste monde de sagesse et de pouvoir de guérison qui gît en moi. Si ce que je vois et désire n'était pas transitoire, je n'aurais jamais regardé au-delà et à travers les gens et les choses de ma vie pour entrer en contact avec la transcendance. Si tout était prévisible, mes yeux ne s'ouvriraient jamais sur les surprises, sur l'inattendu, sur les hasards heureux. L'élément de surprise dans le hasard heureux est l'esprit dyonisiaque qui nous garantit un accès à une énergie vivante transcendant les étroites promesses de la logique ordonnée. Sans la souffrance, je n'aurais jamais trouvé mes ressources intérieures, jamais éprouvé le chagrin qui me donne de la profondeur et du caractère, jamais ouvert mon cœur à la compassion. Si les choses étaient toujours justes, rien ne me pousserait à identifier et à gérer de façon créative l'ombre en moi-même et chez les autres. C'est ainsi que les données de la vie peuvent être des ingrédients du tout et des dons de la grâce.

La synchronicité fait que nous avons en nous des réponses saines qui s'ajustent précisément aux conditions qui nous sont données. Nous avons des larmes pour traiter notre chagrin et des sourires pour exprimer notre joie. Nous avons des sources intérieures et des ressources extérieures de nourriture spirituelle pour gérer la solitude et le changement, et des corps capables de gérer des humeurs variables en nous et chez les autres. Nous avons des ressources vers lesquelles nous tourner quand nous n'arrivons plus à gérer une situation ou une crise, et qui nous permettent de nous effondrer et de nous réarticuler à tout moment.

Nous pouvons souhaiter qu'il existe un sauveur pour nous délivrer des rudes exigences de notre humanité. Mais toutes les figures de sauveurs qui sont apparues dans notre histoire se sont soumises à ces exigences sans les abroger. Nous ne pouvons attendre un Dieu interventionniste, même si nous sommes sûrs qu'à certains moments, nous nous sentirons tenus et protégés par des forces aimables alors que nous affrontons les calamités. Elie Wiesel écrit : « Il n'y a pas de messie, mais des moments messianiques où nous choisissons de prendre en charge et d'humaniser notre destinée. » Nous sommes des messies pour nous-mêmes et pour le monde quand nous pratiquons le soin, et les autres sont des messies pour nous quand ils prennent soin de nous.

La religion est conçue pour répondre aux données de l'existence. Il y a une consolation dans la croyance que l'expérience existentielle immédiate n'est pas la complète réalité. La religion peut nous protéger des pires conditions de la vie en nous promettant leur abrogation dans cette vie ou dans la suivante. Un adulte qui a la foi croit en une divine providence et en une protection divine, non en un bouclier contre les conditions de la vie. Il est sûr que quoi qu'il advienne, il sera entouré de grâce, surtout de la grâce d'aimer. C'est ainsi que se manifeste la réalité de la divine providence. Quelqu'un qui a la foi doit se demander s'il cherche les consolations de Dieu, ou le Dieu de toute consolation qui souvent ne console pas, mais lui donne de la force pour affronter les données de l'existence.

Le bouddhisme propose une pratique de « joyeuse participation aux chagrins du monde ». Le Bhagavad Gita recommande que nous devenions « le même dans la souffrance et la joie, toujours heureux ». Le Christ invite à croire en son Cœur comme source de consolation. Saint Ignace de Loyola nous invite à accepter les lois du flux et du reflux dans notre vie avec « une sainte indifférence ». Il ne veut pas dire par là une indifférence stoïque, mais un détachement plein d'acceptation. « Tant que vous n'avez pas saisi que vous devez mourir pour grandir, dit Goethe, vous êtes un hôte perturbé sur la sombre terre. » Mircea Eliade ajoute, en parlant du héros : « La loi de la vie s'exprime en lui avec son consentement sans réserve. » De même, Hamlet appelle Horatio « l'homme qui a subi d'humeur égale les avanies et les dons de la fortune », ce qui montre que Shakespeare invite à la gratitude face aux données de la vie. Jung propose lui aussi un protocole pour affronter ces conditions. Elles peuvent être embrassées avec « un Oui inconditionnel à ce qui est, sans protestations subjectives, une acceptation des conditions de l'existence [...] une acceptation de ma propre nature tel que je me trouve être. »

Nous semblons souvent craindre et éviter les conditions mêmes qui nous donnent de la sensibilité et du caractère. Avons-nous oublié que Déméter, déesse de la vie sur terre, et Perséphone, mariée à la Mort, sont mère et fille ? Elles sont les métaphores de la vie et de la mort unies en un processus cyclique. Avons-nous perdu de vue le mythe du guérisseur blessé, celui qui porte les fins, le chagrin et la calamité, mais apporte ainsi l'intégration et la sérénité ?

Notre moi expérimente la vie à travers les cycles de peur et d'avidité, au lieu des cycles du renoncement et de la progression. Notre attachement constant au drame de la peur et de l'avidité est le meilleur soutien de la croyance au moi comme un refuge. Une fois que nous l'avons compris, nous sommes mieux préparés à prendre un tournant libérateur. Nous commençons alors à exposer nos habitudes de renforcement du moi face aux conditions de la vie qui ne font que nous conforter dans la peur et le désir. L'attachement à ce drame n'est ni un mal ni un péché. C'est une erreur, puisque nous ne pouvons nous accrocher à rien dans cette existence transitoire. Cette inclination en nous à une si triste erreur peut conduire à la compassion pour nous-mêmes, une autre voie vers la libération du moi.

Une fois que nous avons compris que tout est impermanent, il n'y a plus rien à quoi s'accrocher ni à contrôler, et il n'y a plus personne pour le faire. Si toutes les choses sont impermanentes, alors le moi l'est aussi, qui les désire. « J'abandonne mon penchant à tout contrôler et à réclamer mes droits. J'abandonne toutes mes tentatives de soutenir mon moi. Je cesse d'utiliser les gens ou les choses pour mettre fin à ma solitude. Je renonce à me montrer aussi possessif dans mes relations. J'abandonne la défense du territoire du moi pour m'ouvrir au spacieux territoire de l'amour, de la sagesse et de la guérison. » C'est ainsi que nous renonçons aux lieux où règne le moi pour entrer dans de plus nobles maisons.

La réponse Zen à la condition de l'impermanence s'appuie sur deux termes. *Danken*, c'est accepter que tout est impermanent, de sorte que l'accumulation est inutile. *Joken*, c'est maintenir notre engagement à œuvrer en toutes circonstances pour des objectifs de santé et de bien-être. Chaque terme ne possède qu'une seule face. Accepter l'impermanence comme une condition, et l'orientation vers un but comme une chose légitime est la Voie Moyenne du bouddhisme : « J'endure et je surmonte sans chercher à rien résoudre. Je suis sans défense contre les surprises de la vie, et en même temps plein de ressources face à elles. » Cette combinaison d'absence de défense et de présence de ressources est la base pour nous libérer de la peur. Ce sont les autres mots pour dire Oui.

Notre mythe moderne, fondé sur la peur et le déni des données de la vie, cherche à se dérober au déclin nécessaire par des maquillages divers et la chirurgie esthétique. Nos films cherchent à nous sauver avec des fins heureuses où le bien triomphe du mal et où les méchants sont punis. Nous faisons appel aux tribunaux pour compenser la moindre perte, même celles dont nous sommes les seuls responsables. Nous utilisons la loi pour indemniser nos pertes et éviter d'en ressentir le chagrin.

Chaque personne, chaque lieu ou chaque chose qui devient un objet d'attachement est curieusement conçu pour nous enseigner la leçon/la donnée de l'impermanence et de la déficience. C'est la coïncidence de choses transitoires dans un monde de mains avides et de cœurs dépendants. Une synchronicité psychologique nous vient en aide pour intégrer nos déceptions grâce à notre capacité innée au deuil et à l'abandon. Il y a aussi de la synchronicité dans la voie spirituelle de l'absence de moi, qui nous offre la compétence d'éviter de nous attacher dès le départ.

Une pratique consiste à laisser nos roses dans le vase bien après qu'elles sont fanées. Apprendre à apprécier chaque phase de la vie d'une fleur – du bouton au dessèchement – est une façon d'élargir notre sens de l'impermanence pour reconnaître la beauté de chacun de ces changements, au lieu d'un seul.

Ce qui nous arrive est une aide

L'une des conditions de l'existence est qu'il nous faut parfois affronter des choses qui sont au-dessus de nos forces. La psyché humaine possède une capacité à gérer les conditions de son existence, de même que les animaux ont des capacités et des instincts innés pour gérer les leurs. Nos capacités innées peuvent être développées comme des programmes de compétences pour gérer la solitude, l'imprévisible, l'injustice, le transitoire, la souffrance, etc. C'est ainsi que nous réussissons à gérer les choses : toujours une étape après l'autre. Nous remarquons toutefois des moments où nous sommes incapables de gérer ce qui nous arrive et où nous en sommes dévastés. Ce sont des moments où nous pouvons nous effondrer, en gardant la certitude que nous finirons par nous reconstruire et repartir. C'est ici qu'intervient la grâce, en nous assurant que notre capacité à aimer ne sera pas détruite quoi qu'il advienne. Cette certitude à elle seule est le fondement de l'espoir, ce qu'Emily Dickinson appelle « la chose emplumée / qui se perche dans l'âme ».

La vie ne cesse de nous stupéfier de ses contradictions ; nous pouvons les laisser nous accabler et nous démoraliser, ou au contraire les autoriser à nous traverser avec équanimité. Le Oui inconditionnel, en nous permettant d'être sans défense, libère notre énergie vivante qui nous révèle remplis de ressources. Ce Oui est un antidote à la peur. Cette combinaison d'abandon et de prise en charge nous libère de la possession par les données et nous rend capables de nous lier à elles. Les données de l'existence humaine ne sont pas une gêne qu'il faut gérer, mais les conditions les plus appropriées et les plus précises pour la réussite de notre plus noble objectif. Ce sont les étapes que nous franchissons pour la transformation. Elles sont une voie, comme la synchronicité elle-même, vers la libération de l'amour inconditionnel, de la sagesse et du pouvoir de guérir (nous-mêmes et les autres). Sans ces coups et ces défis, nous serions des vases vides dans un monde superficiel.

Pour nous garder sur nos pieds et maintenir l'homéostase, des événements surviennent qui nous secouent ou nous apaisent. Tout ce qui nous arrive, chaque personne qui intervient dans notre vie, chaque réussite, échec, trahison ou loyauté est conçu non pour nous affaiblir, mais pour nous renforcer. Chacun est une synchronicité quand nous voyons en lui un élément de notre croissance. Ce n'est qu'à travers une diversité d'expériences de toutes les options de la vie que nous pouvons atteindre notre potentiel d'accomplissement et de puissance personnelle. Nous pouvons y travailler avec élégance, ou y être traînés en gigotant en tous sens.

Le poète romain Térence écrivait : « Rien de ce qui est humain ne m'est étranger. » Être humain, c'est être sensible à toutes les conditions de l'existence et n'avoir de contrôle sur aucune. Les gens sains ont fait la paix avec cela. Nous ne pouvons pas avoir une maîtrise totale, mais nous pouvons avoir un programme, un plan, une technologie pour gérer ce qui nous arrive. Il est sage et nécessaire d'avoir une ressource prête pour affronter les situations difficiles. Les expériences et les crises qui nous viennent de façons synchrones visent à nous rendre plus profonds et à nous montrer notre voie. Quand nous n'avons pas de programme, nous perdons ces options. Nous avons un passage sûr, mais pas de seuil à franchir. Nous survivons, mais en risquant de ne pas évoluer.

Les tremblements de terre par exemple nous montrent combien nous avons peu de contrôle sur le monde. Pourtant, il existe des règles antisismiques que nous pouvons suivre. Ces recommandations nous offrent une maîtrise relative, ce qui nous permet de subir le séisme en limitant la casse. On recommandait autrefois de lui résister en se calant dans l'encadrement d'une porte. On prescrit à présent de suivre le mouvement du séisme, de se laisser glisser dans le couloir, le corps roulé en boule pour éviter les impacts. Cette combinaison de maîtrise et de reddition est une sagesse que gagne le moi adulte quand il renonce à tout contrôler, comme un enfant abandonne ses jouets de bébé au profit d'autres qui sont pour lui de nouveaux défis.

Nous souffrons parfois d'une crise d'indécision. Rien n'est plus décourageant que ce sentiment d'être entravé ou bloqué dans des dilemmes où toute décision semble impossible. Mais ce blocage peut être configuré comme la pause, « le mystérieux passage à travers des montagnes apparemment impénétrables » que décrit le Tao. Alors nous pouvons dire : « Je reconnais cette situation comme une synchronicité qui fait coïncider un blocage sur lequel je n'ai pas de contrôle et une opportunité de pratiquer l'art de la pause. Ce qui m'est arrivé devient ainsi une nouvelle compétence pour le progrès spirituel. Je ne suis pas bloqué mais libéré quand je m'avance délibérément dans cette faille. Je suis libéré des dualismes de mon moi. Tandis que je mets ma confiance dans cet espace et que je me détends en lui, quelque chose va changer automatiquement et je reconnaîtrai ma prochaine étape par la pure intuition. L'espace intérieur est simplement mon potentiel. Au moment où j'entre dans la pause, ce passage mystérieux dans des collines perdues, toutes les vieilles idées sur moi-même s'évanouissent. Dans ce lieu silencieux, seule la lumière divine demeure, cette lumière que je suis toujours déjà. Cette divinité est mon propre potentiel pleinement activé. L'esprit de Dieu ou l'esprit de Bouddha sont les archétypes de ce profond éveil à ma véritable identité, un espace toujours plus rayonnant. L'impossibilité de prendre une décision se révèle un espace lumineux. Je l'atteins non pas en m'efforçant de le remplir, mais en m'arrêtant en son sein pour qu'il devienne un passage. »

Notre vie n'est pas une séquence d'événements dépourvus de sens. C'est un tout intelligible qui dépeint notre origine, notre destinée et notre réponse aux opportunités et aux obstacles le long de notre route. La synchronicité fait des conditions de la vie une série signifiante de moments et de transitions. La transformation nous arrive par notre gestion des données de la vie. Tout le récit de notre vie se résume alors à cette expérience intégrale de passage de l'obscurité à la lumière, de la confusion à la clarté, de l'isolement à la communion.

Quel est le sens de la vie au sens biologique ? L'histoire de l'évolution semble suggérer l'existence d'une progression dans la conscience. Quel est le sens de la vie au sens d'une vie individuelle ? Le thème mythique universel semble tourner autour d'un voyage héroïque. L'acquisition du sens est liée au mouvement dans les deux cas.

Quand nous nous ouvrons au sens plus vaste du temps de notre vie et quand nous le voyons comme une contribution au voyage collectif humain, nous vivons au cœur de l'univers. Quand nous apprécions les grâces qui nous arrivent pour faire advenir tout cela, ainsi que l'amour qui veut que nous nous trouvions, nous sommes joyeusement vivants. Le voyage comporte trois étapes : le départ, la lutte et le retour chargé de dons.

Le voyage de la naissance à un sentiment de soi cohérent commence dans une unité indifférenciée. C'est une symbiose saine avec notre mère. Bientôt nous devenons un être différencié qui explore et affirme son individualité. Cela coïncide avec la fin de notre dépendance à nos parents. C'est le départ du héros. Cette phase montre en quoi l'éloignement est à l'origine de notre conscience de soi. À mesure que nous devenons des individus, nous émergeons dans le monde pour gérer les conditions et les données de la vie. C'est la phase de lutte du héros. À travers les ruptures, nous trouvons la force d'affronter les défis et de raccommoder les divisions. Nous accomplissons ainsi le travail du Christ et du Bouddha, faisant de la réconciliation un élément de notre maturation spirituelle. C'est le don que nous offrons à ceux qui nous entourent, la victoire finale du héros rentrant à la maison.

« Au centre de l'univers est un cœur aimant qui continue à battre et qui veut le meilleur pour chacun. Notre tâche consiste à faire tout notre possible pour aider à la croissance intellectuelle, spirituelle et émotionnelle de nos frères humains. Ceux d'entre nous qui ont cette vision particulière doivent continuer à tout prix. La vie est faite pour servir. »

Fred ROGERS (alias « Mister Rogers »)

Se servir des outils

Il existe de nombreux programmes que nous pouvons mettre en place pour affronter les situations dangereuses de notre vie. Ce sont les outils du moi sain, qui nous offrent une façon d'*avancer*. Ils nous fournissent des stratégies pour affronter les données de notre vie – ce que nous sommes heureux de faire une fois que nous les savons liées dans la synchronie à notre croissance.

Aucun de ces programmes n'inclut les drogues, la nourriture, le sexe ou tout autre compulsion. Aucun ne recourt à des consolations fausses et en contradiction avec les conditions de l'existence. Ces consolations peuvent être par exemple : « Eh bien, j'ai toujours fait de mon mieux. » Personne n'a jamais fait de son mieux dans sa vie, et ce n'est pas ce qu'on nous demande. « Les choses tourneront toujours au mieux. » Les choses ne tournent pas toujours au mieux, comme le démontrent les guerres et les génocides. « C'est le karma. » C'est là un usage déterministe du concept de karma qui sert à nous décharger de notre responsabilité adulte de nos actes. « Dieu y pourvoira. » Les besoins humains ne sont pas toujours pourvus, comme nous l'apprennent chaque jour les enfants qui meurent de faim. Nous devons fournir à nous-mêmes et aux autres les choses suivantes :

1. Quand j'ai peur, je peux admettre ma peur, m'autoriser à la ressentir pleinement, puis agir comme si la peur ne pouvait pas m'arrêter. Plus je me détends dans la réalité au lieu de la fuir, plus les peurs – qui ont été mes compagnes malvenues toute ma vie – finissent par s'éloigner.

2. Si je suis en colère, je peux l'exprimer de façon responsable et directe à la personne concernée, sans blâme ni violence.

3. Si je suis passif dans mes interactions avec les autres, je peux apprendre à m'affirmer et à défendre mon bout de terrain sans devenir agressif.

4. Quand je me sens soudain fragmenté et déprimé parce que ma vie me semble un désastre, je peux imaginer une voix douce, familière en moi qui me dit : « Ce n'est pas si mal que ça. Laisse-moi regarder tout ce que j'ai fait, en bien comme en mal. J'ai fait des erreurs, mais tout le monde en fait. Ce qui compte, c'est que je n'ai pas lâché prise et que j'en sais un peu plus à présent. Donne-moi un peu de crédit ! »

5. Dans le vide – ce trou noir de panique où rien ne marche et où notre énergie vivante est en attente – nous pouvons simplement rester en suspens, sans avoir à rien faire. Nous pouvons laisser faire et écouter son silence féérique jusqu'à ressentir l'élan qui nous fait avancer dans une nouvelle direction. Le *timing* ne vient jamais du moi, mais du calendrier de synchronicités du Soi.

6. Si je me sens coupable, je peux faire amende honorable et décider de changer de comportement à l'avenir.

7. Si quelqu'un me dit quelque chose de cruel, je peux être tenté de recourir au programme de représailles du moi. Mais je peux aussi dire à l'autre combien je suis blessé par ses paroles et que je trouve inacceptable d'être traité ainsi. Quand la voix du moi me chuchote : « J'aurais dû lui rétorquer… », je peux y reconnaître le moi indigné, et répondre par cette affirmation : « Je renonce au besoin de représailles. Je choisis de gérer les choses de façon créative et forte, mais aussi avec douceur. » Notre travail consiste à supprimer tous les programmes du moi névrotique de notre *modus operandi* et à les remplacer par d'autres, à la fois aimants et porteurs de notre affirmation.

8. Si je suis trahi par un partenaire, je peux recourir à l'armure du moi et me défendre de nouveaux coups en

érigeant un mur contre de futures relations. Ce genre d'autodéfense m'emmure. Sur ce mur, le moi effrayé a gravé sa défaite : « On ne peut pas faire confiance aux hommes/aux femmes. Ils vous décevront toujours. Vous ne pouvez pas gérer un échange normal dans les relations avec tout ce potentiel de douleur. Gardez-vous de toute nouvelle relation. » Je peux croire à ces verdicts amers et m'y abandonner. Mais soudain la passion sort de ma vie, et avec elle mes chances de plaisir et de satisfaction.

Il est stressant de refouler longtemps l'instinct naturel qui nous pousse à former des relations. Le tout signifie laisser libre cours à tous nos instincts et toutes nos susceptibilités. Les gens sains ont le désir d'aimer à nouveau, il sont prêts à risquer les mêmes désastres qu'ils ont déjà connus, parce qu'ils ont trouvé une ressource qui va être leur référence future. Le travail de deuil est le programme qui permet de gérer la trahison et l'abandon. Ceux qui ont fait leur deuil choisiront leurs nouveaux partenaires avec plus de sagesse et seront mieux armés psychologiquement pour la prochaine séparation, s'il doit y en avoir une.

9. Parfois, nous devrons affronter quelque chose que nous sommes incapables de gérer seul. Notre programme alors est de chercher de l'aide. Si je me suis coupé le doigt, je peux me contenter de ma trousse de premiers soins : du mercurochrome et des pansements. Si je me tranche une artère, je devrai aller chercher de l'aide à l'hôpital, où le médecin me fournira la technologie adéquate sous forme de points de suture. De même, dans une crise psychologique, je peux avoir besoin de consulter un thérapeute pour m'aider à concevoir un programme qui satisfasse mes besoins avec une ressource saine. Devenir sain ne veut pas dire qu'il ne nous arrive plus de choses douloureuses, mais que nous

avons désormais le moyens de gérer ce qui peut nous arriver.

10. La donnée de l'injustice nous pousse parfois à nous demander pourquoi les innocents souffrent. Mais cette question suppose que la douleur est une punition. Dans le monde du Soi aimant, il n'y a pas de punition, seulement des conséquences et des opportunités de transformation. Souhaiter que les méchants souffrent est une vengeance du moi. Travailler à leur transformation est de l'amour. Comment ai-je réagi au mal que l'on m'a fait ? Que m'inspire l'idée de châtiment, y compris la prison et la peine capitale ? Ai-je un cœur qui ressent de la tristesse pour la victime comme pour le coupable ? Comment puis-je chercher une alternative à la violence du châtiment ? Mon Dieu est-il une extension du moi masculin vengeur ? Suis-je en train de créer l'enfer ou le paradis sur la Terre ?

11. Le bouddhisme définit les huit soucis mondains qui défient notre équanimité sous la forme de quatre paires d'avidités/de peurs. Trouver une voie à travers chacun de ces dualismes, c'est être libéré du désir excessif qu'a le moi d'expériences positives, et de sa terreur des expériences négatives : gain et perte, gloire et infamie, louange et blâme, plaisir et douleur. Où suis-je ? Où puis-je me tenir dans l'équilibre et l'équanimité ?

12. Récitez cet énoncé et notez ce qu'il vous inspire : « C'est uniquement quand j'ai le courage d'affronter les choses telles qu'elles sont, sans entretenir aucune illusion, qu'une lumière va jaillir des événements, et qu'un chemin de contentement va s'ouvrir pour moi. Comme toutes les situations difficiles m'enseignent et m'éveillent, je peux être reconnaissant envers chacune. Je ne repousse pas cette situation ; je trouve une façon de

m'appuyer sur elle. Je choisis de n'avoir aucune sortie de secours. Mon Oui est inconditionnel. »

Apportez une douceur aimante à votre pratique en ajoutant : « Par le pouvoir et la vérité de cette situation difficile, puissent tous les êtres connaître le bonheur et être libérés de la peur et de l'avidité. Puissé-je ne jamais détruire le bonheur de quelqu'un. Puissent tous les gens continuer à choisir la voie de la paix et chérir comme sacré tout ce qui vit. Tout ce qui m'arrive vient du Sacré-Cœur, une lumière qui ne s'éteindra pas, qui ne cesse de se replier et se déployer. Je dis Oui à la voie avec mon cœur. »

13. Voici un modèle de réponses saines et fonctionnelles aux conditions de l'existence. Que puis-je intégrer à mon style de vie pour que ces réponses surviennent de plus en plus souvent ?

Gérer :	*En :*
La solitude	Construisant un système de soutien
Le transitoire	Laissant tomber
L'imprévisible	Faisant confiance à la synchronicité
La souffrance	Acceptant ce qui ne peut être changé, et en changeant ce qui peut l'être
L'injustice	Acceptant ce qui ne peut être changé, et en changeant ce qui peut l'être

Enfin, nous pouvons admettre que même le moi le plus sain peut être impuissant à effectuer certains changements dans la psyché. Il n'existe aucun programme psychologique qui permette d'amener aisément à résipiscence un moi arrogant. De lui-même, le moi ne peut pas « tendre l'autre joue », aimer ou pardonner inconditionnellement, ni se donner dans une générosité pleine de compassion. Ce sont là les appels d'une source spirituelle que tout le monde ne peut pas entendre. Ils viennent du monde du Soi où réside la grâce. Quelle ironie – source d'humilité pour nous – que nous ne puissions libérer par nous-mêmes ce qui est le meilleur en nous ! Et quelle chance que les grâces abondent !

14. Le héros quitte sa maison, livre de nombreux combats, rencontre des forces adjuvantes et affligeantes, et trouve enfin un trésor qu'il rapporte chez lui. Voici un modèle pour vous aider à vous situer dans ces trois phases du voyage passé, présent et futur de la vie. Où êtes-vous, et quelles sont les synchronicités qui viennent à votre rencontre ?

Je suis là où je suis depuis un bon moment.
Quelque chose survient qui me met au défi de changer ou d'avancer.
Je franchis un seuil pour m'embarquer dans quelque chose de nouveau.
Je rencontre des forces affligeantes, je suis blessé de bien des façons, je peux même être paralysé.
Je suis visité par des forces adjuvantes qui me sauvent ou m'offrent une grâce particulière pour surmonter mon blocage ou mes blessures.
Je trouve quelque chose ou je découvre un trésor non par l'effort, mais par un don de la grâce.
Je rapporte ce don à l'endroit d'où je suis parti pour le partager gratuitement et généreusement.
Certains me comprennent et d'autres non. Certains acceptent mes dons et d'autres les refusent. Je ne force pas, je ne renonce pas. Je continue à partager mes dons de toutes les façons possibles.
Je me tiens dans la lumière de l'équanimité que je laisse me traverser en permanence.

Crise

Un ami nous rejette. Un partenaire nous quitte. Un être aimé meurt brutalement. Nous sommes dévastés et ne savons plus quoi faire de ces données qui ont croisé notre route. Dans de telles crises, nous sommes aussi effrayés qu'endeuillés. Nous découvrons que nos sources de sécurité n'avaient pas de réel fondement. Maître Eckhart disait : « Tout doit être perdu pour que l'âme puisse se tenir dans un néant sans limites. » Une crise nous conduit à un geste d'écartement. Mais pour écarter quoi ? Seulement les illusions, les déguisements et les masques sur lesquels nous nous appuyons pour établir notre identité. Le véritable Soi ne peut surgir que de la reddition du moi plein d'illusions.

Nous survivons à une crise du moi quand nous pouvons nous effondrer en ayant la certitude que nous pourrons ensuite nous reconstituer. Notre confiance se fonde sur la compétence de restauration du moi sain, qui consiste à nous transformer par la douleur. La douleur aura été inutile si nous reprenons la maîtrise totale quand tous les signaux nous disent de laisser les choses agir d'elles-mêmes. Jung appelait cela « la restauration régressive de la persona ». C'est remettre le vieux masque ; c'est refuser de « se tenir dans un néant sans limites », qui est l'unique pas de lancement possible pour une nouvelle façon de vivre.

Les mythes de la création commencent avec le chaos. Le chaos est la donnée/la condition pour qu'émerge quelque chose de nouveau. Le lien signifiant est la synchronicité. La crise personnelle est un microcosme du chaos primordial et le prérequis synchrone des possibilités créatives. Quand les choses sont sens dessus dessous dans notre vie, quelque chose est prêt à naître en nous. Nous pouvons demander : « Pourquoi moi ? » Le mot « pourquoi » appartient au vocabulaire de l'intellect et de la raison. La crise ne s'adresse pas à nous depuis ce domaine, puisqu'elle transcende et défie le rationnel. C'est le paradoxe d'un chaos qui précède *nécessairement* une nouvelle création. La logique et le sens des choses sont en général hors de notre atteinte en période de crise. L'attitude appropriée consiste à faire une pause pour ruminer sur les eaux troubles au lieu de les évacuer.

La crise représente en général une confrontation ou une dispute avec une ou plusieurs conditions de l'existence. La crise est un défi au changement. Changer, c'est identifier un nouveau degré de force en nous et agir en accord avec lui ; rester inchangé, c'est régresser. Il n'existe pas de moyen terme confortable. C'est pourquoi une crise nous fait entrer dans le vide. Nous voyons alors quelle part de notre sécurité était une béquille destinée à soutenir un moi tremblotant. Dans la crise, nous sommes incapables de maintenir les vieilles structures qui nous soutenaient confortablement. Nous sommes alors contraints de rassembler nos forces et d'entrer dans quelque chose de nouveau. Une grâce peut-être va croiser notre route ; nous nous découvrons une force que nous ne savions pas posséder. Nous survivons à la crise ; nous sommes encore debout après la tempête. L'effondrement qui nous menace conduit à une percée. Un paradoxe est apparu : sans étais, nous parvenons à tenir debout. Emily Dickinson use de la même métaphore :

> Les étais assistent la Maison,
> Jusqu'à ce qu'elle soit construite,
> Et puis on retire les étais –
> Et adéquate, debout,
> La Maison se soutient d'elle-même ;
> Cessant de se rappeler
> L'Auge et le Charpentier –
> Seul ce recul

Donne la Vie parfaite,
Un passé de Planche et de Clou,
Et de lenteur – puis l'échafaudage tombe –
Et une Âme s'affirme.

Parfois, la petite pluie qui doit tomber sur chaque vie se transforme en ouragan. Une série de désastres survient qui nous met à terre ou nous projette dans le vide. C'est trop violent pour notre capacité ordinaire à gérer les choses, puisque cela arrive trop vite pour adopter l'approche « une chose à la fois ». Il n'y a pas de puissance qui veille à ce que cela ne m'arrive pas *à moi*. L'une des conditions de l'existence est que tout peut arriver à tout le monde. Il est normal de s'effondrer sous une telle pression, puis de se reconstituer plus tard. Le suicide ou le désespoir sont le rejet de cette possibilité.

Dans un effondrement, il est normal d'éprouver des sentiments violents. La colère peut monter de façon incontrôlable ; la tristesse peut susciter des crises de larmes ; la peur peut nous rendre phobiques, voire superstitieux ou paranoïaques. Les pensées obsessionnelles peuvent nous empoisonner la vie. Toutes ces attitudes sont normales quand elles sont en phase avec la crise ; elles sont typiques de la première réaction pour surmonter celle-ci. Quand nous sommes à peu près fonctionnels, elles cessent, et nous avançons vers l'acceptation et la résolution. Dans une structure de caractère névrotique, les sentiments, les comportements et les pensées inappropriés s'attardent indéfiniment.

Les événements et les crises traumatiques nous sont familiers. Nous en avons tous connus dès l'enfance, et parfois très tôt. Ils nous ont imprégnés de stress, d'anxiété et de malaises qui se manifestent dans notre corps, dans notre sentiment de nous-mêmes, dans notre façon de bouger, dans nos croyances sur notre masculinité ou notre féminité, dans nos façons de nous lier, et même dans notre santé physique. Nous avons bâti les stratégies de toute une vie sur l'impact de ces crises et de ces blessures.

Notre travail consiste à démêler et à défaire les nœuds que nous avons faits. Cette tâche, quand elle est accomplie avec conscience, nous rend plus aimables aux autres et moins susceptibles de leur infliger les mêmes coups. La souffrance nous adoucit quand nous l'autorisons et la supportons avant de nous remettre en route. Autoriser, c'est renoncer au contrôle. Supporter, c'est renoncer à chercher une échappatoire. Avancer, c'est ne pas rester bloqué dans le rôle de victime. La crise alors ne nous apparaît plus si mauvaise. Plus nous devenons amical à nous-mêmes, plus notre piteuse situation nous semblera amicale.

Dans une crise, nous pouvons nous sentir abandonnés. Ce sentiment d'abandon est celui d'un retrait de nos forces adjuvantes. Le message nous parvient-il qu'il est temps de cesser de regarder de l'extérieur ? Pouvons-nous faire l'expérience du vide en nous et dans notre monde ? Pouvons-nous tomber dans son immensité comme de simples témoins justes et alertes des désastres qui nous entourent ? Nous pourrions alors entrer en contact avec notre immanence. Nous pourrions découvrir la transcendance de la limite. Les chiffres négatifs sont nécessaires dans une équation si l'on veut trouver des chiffres positifs de l'autre côté.

Dans une crise, notre moi nous fait souvent défaut. Une crise est donc l'opportunité pour une percée du monde archétypal dans la boursouflure du moi. La synchronicité s'observe mieux quand le moi n'est pas dans le chemin, puisque les archétypes rayonnent d'autant plus fort que notre moi se dégonfle. La crise est-elle survenue pour cette raison ? Comme le dit Jean, 6.19 : « Il soufflait un grand vent et la mer était agitée [...] quand ils virent Jésus marchant sur la mer et s'approchant de leur barque. »

Dans le voyage du héros, la crise survient pour précipiter un mouvement. Pourquoi la tornade dans le *Magicien d'Oz* ? Sans elle, la petite Dorothy ne serait jamais partie. Elle avait déjà tenté de prendre le large, mais avait été aisément persuadée de revenir, interrompant son voyage avant même de l'avoir commencé. Alors survient la crise, l'événement douloureux hors de son contrôle qui est en fait la grâce qui la lance dans sa destinée. Une crise peut être un coup d'éperon, la douleur initiatique qui nous mène au-dehors, la synchronicité d'un événement non voulu et un défi pour évoluer.

La crise représente la tragédie ; la transformation survient dans la comédie. Percevoir l'humour d'un événement critique est une voie vers sa résolution. La comédie, comme la spiritualité, vit de la contradiction avant d'unir les contraires. C'est peut être pourquoi tant de comédies finissent par un mariage ! L'humour est souvent aux dépens du moi qui reçoit ce qu'il mérite. Dans la comédie, tout est mélangé : le décorum et la licence, le prince et le pauvre, l'accord et la discorde, le mâle et la femelle, l'imagination et la réalité. Les limites et les identités sont testées et élargies. Dans le sentiment comique des choses, la tension est supportable, comme dans le sport, qui combine la tension et le divertissement. Le sens de l'humour dans la comédie défie la loi et la logique. Il est à l'aise dans le croisement du conceptuel et de l'imaginatif, comme le dit Hermia dans *Le Songe d'une nuit d'été* : « Il me semble que mes regards divergent et que je vois double. » La comédie offre la promesse qu'avec le temps les choses vont se régler, que les miracles peuvent survenir juste à temps. Dans la tragédie, il est toujours trop tard. Dans le dénouement tragique, la chance de s'amender est irrémédiablement perdue. Dans la comédie, tout est pardonné et la largesse de ce pardon conduit à l'amendement. Dans la même pièce, le lutin Puck dit : « Si tu pardonnes, nous nous raccommoderons. » Pardonner a le pouvoir d'induire la contrition chez celui qui est pardonné.

Plonger

Une crise nous aide à affronter quelque chose sur nous-mêmes que nous avions négligé. Si nous regardons attentivement, nous verrons que toutes les crises et toutes les questions de notre vie reviennent à une peur centrale. Nous croyons que nous risquons d'être abandonnés si nous nous montrons vulnérables, qu'il faut toujours nous attendre au pire, et qu'une catastrophe nous guette à tout instant. Nous pouvons résoudre cette peur en choisissant de *plonger*. Le thème du plongeon contient la vieille dimension archétypale de ce qui nous aide à prendre des risques pour nous libérer de la peur. À l'époque païenne, un plongeon était un baptême conscient, une plongée du moi dans les eaux qui le dissolvent. Plonger symbolise la mort du moi et de son attachement frénétique à la peur et au désir. Refaire surface, c'est renaître à la ressemblance du Soi, c'est-à-dire purifié de l'attachement. Un texte hindou affirme que la mer dissout notre nom, notre identification exclusive au moi.

Sauter est la métaphore de la combinaison de deux contraires, la peur du risque et la reddition devant lui. Plonger dans notre douleur et notre mauvaise posture signifie que nous sommes prêts à lâcher prise, sans avoir besoin qu'on nous pousse. C'est héroïque parce que c'est volontaire. Plonger d'une très haute falaise était autrefois un sacrement en Égypte et en Asie mineure. Selon le rite, un prêtre récitait des hymnes sur les héros et leurs exploits, faisant de ces héros ancestraux des forces adjuvantes encourageant le plongeur. Celui-ci recevait alors une herbe magique pour l'aider à oser le saut dans le vide. Les femmes autour de lui criaient des mots d'encouragement. Le jeune homme plongeait alors de la falaise. Sa vie défilait devant lui comme pour la dernière fois tandis qu'il volait dans les airs. La grâce des dieux le soutenait, et il renaissait en émergeant des eaux sous les acclamations de la foule.

Le plongeon était aussi associé à des signes de défi ou d'amour. Pline raconte que Sapho, excellente nageuse, se jeta d'une falaise de Lesbos pour « transcender l'amour terrestre ». Tout au long de l'histoire, de la Chine à la Nouvelle Angleterre, le plongeon rituel devint une épreuve judiciaire pour démontrer l'innocence ou la culpabilité. Le baptême chrétien, fondé sur la tradition judaïque, est un plongeon dans les eaux qui apportent la mort du vieil Adam (le moi) et la renaissance d'un nouveau Christ (le Soi) dans l'âme humaine. C'est un sacrement en ceci que c'est la corrélation d'un rituel et d'une grâce, un acte produisant un résultat qui lui correspond, et donc une synchronicité.

Dans le rite grec, les femmes qui se tenaient sur le côté et encourageaient les hommes à plonger représentent un rôle archétypal du féminin : aider à noyer le moi masculin. Les sirènes et la Lorelei sont des personnifications de cette séduction invitant à la dissolution – un rôle que les femmes ont joué dans l'archétype depuis des siècles. Tout homme actuel a pu le remarquer dans ses relations avec les femmes. Nous pouvons désirer vivre ensemble, partager un amour réciproque, être fidèle. Sommes-nous prêts à risquer cet autre plongeon dans la dissolution de notre moi ? Si seulement nous étions sûrs que quand notre moi s'en va, toutes nos peurs s'en vont avec lui. La peur plonge et s'engloutit, mais c'est l'amour courageux qui remonte en haut de la falaise.

« S'il y a une peur de tomber, la seule sécurité est dans le saut délibéré. »

Carl Gustav JUNG

Une pratique consciente

Asseyez-vous confortablement, les yeux clos et les mains en coupe sur vos genoux, en prêtant attention à votre respiration. Notez votre inspiration et votre expiration, et le petit temps entre les respirations. Cette immobilité temporaire est l'espace du non-esprit, la libération des histoires de peur et d'attachement qui caractérisent le moi. Reposez-vous en elle. Si des pensées font irruption, nommez-les simplement comme des pensées et reportez votre attention sur votre respiration.

Formez une image de votre crise ou de votre problème actuel et imaginez que vous le tenez entre vos mains en coupe sous la forme d'une boule. Notez si vous choisissez plutôt l'image d'une boule de bowling, d'une balle de golf, etc. Reconnaissez-la comme vôtre. Imaginez le poids de votre boule de problèmes et abaissez encore les mains si nécessaire. Imaginez à présent que cette boule est constituée de cinq couches, que vous allez examiner l'une après l'autre avant de vous en débarrasser.

La première couche est celle de la peur. Qu'est-ce qui est effrayant dans ce problème ? Comment vous accrochez-vous à la peur, en quoi êtes-vous arrêté ou poussé par elle ? Une fois que vous avez conscience de ce sentiment de peur, imaginez que vous pelez cette couche de votre boule de problèmes et que vous l'écartez. Vous affirmez : « J'abandonne le besoin de craindre cela. »

Dans chacune de ces couches, dire « j'abandonne » signifie en réalité : « J'imagine ce que ce serait d'abandonner cette couche. » Vous n'avez pas besoin d'attendre de ressentir vraiment que vous l'avez abandonnée. Cette partie de l'exercice est une image qui doit conduire au sentiment du « cela peut arriver ».

La seconde couche est celle de la maîtrise. Jusqu'où vous investissez-vous pour maîtriser l'issue de ce problème, et comment tentez-vous de garder le contrôle sur votre entourage ? Une fois que vous avez conscience de ressentir ce besoin/cette compulsion à tout contrôler, imaginez que vous le pelez de votre boule de problèmes et que vous l'écartez. Vous affirmez : « J'abandonne le besoin de contrôler cela. »

La troisième couche est celle du blâme. Blâmez-vous quelqu'un d'autre pour ce problème ? Une fois que vous avez conscience de ce sentiment de blâme, imaginez que vous le pelez de votre boule de problèmes et que vous l'écartez. Vous affirmez : « J'abandonne le besoin de blâmer quelqu'un pour cela. »

La quatrième couche est celle de la honte. Éprouvez-vous de la honte ou de la culpabilité à avoir ce problème ? Une fois que vous avez conscience de ce sentiment de récrimination contre vous, imaginez que vous le pelez de votre boule de problèmes et que vous l'écartez. Vous affirmez : « J'abandonne le besoin de me sentir honteux de cela. »

La cinquième couche est celle du besoin de maîtriser et de régler le problème. Laissez-vous votre sérénité dépendre de votre capacité à tout ramener à la normale ? Une fois que vous avez conscience de ressentir ce poids, imaginez que vous le pelez de votre boule de problèmes et que vous l'écartez. Vous affirmez : « J'abandonne le besoin de régler cela. »

Reportez votre attention sur votre souffle, en notant les pauses entre chaque respiration. La boule vous semble-t-elle plus légère ? Est-elle devenue aussi légère qu'une balle de ping-pong ? Demandez-vous ce qui reste du problème à présent qu'il est débarrassé des cinq couches du moi. Peut-il être maintenant du pur espace, comme la pause entre vos souffles, comme le vide dans une balle de ping-pong ?

À présent, touchez la terre de vos mains en coupe et élevez-les en une couronne au-dessus de votre tête, puis ouvrez les mains et abandonnez ce qui reste du problème dans un geste d'offrande et de libération. Ouvrez les yeux et rendez grâce à la première chose que vous voyez dans la nature. Le soutien de la nature a été l'expérience de la grâce pour Bouddha, qui toucha la terre comme son témoin et contempla pendant sept jours avec reconnaissance l'arbre Bodhi, en remerciement d'avoir reçu sous son ombre l'illumination.

Vous êtes à présent ce témoin juste et alerte qui se tient dans et hors du problème. Quelque chose est né qui se tient en sécurité au cœur de votre combat, mais déjà aussi au-delà. Libre de dualismes, ni stoïque ni bloqué, vous pouvez observer le conflit avec le sentiment tout en vous concentrant sur sa pure signification et son défi spirituel. Cela revient à porter une attention à la fois au personnage et à la toile de fond du tableau que vous affrontez. Rien en fait ne doit être compliqué ou confus. Ce sont les détours complexes du moi qui créent la confusion. Nous sommes si habitués à être dirigés par elle que nous la croyons insurmontable.

Vous pouvez repérer la simplicité et la légèreté de votre être par ce genre de pratiques conscientes. Vous pouvez avancer librement avec le flux de votre vie tout en restant attentif à un point fixe qui reste immuable dans les hauts et les bas des drames quotidiens. Ce point fixe *est* l'unicité, l'espace ultime derrière toutes les apparences des choses et derrière toutes les couches du moi. L'immobilité peut ne durer qu'un moment, mais elle est assez délicieuse pour que vous y reveniez, et elle n'est qu'à une respiration de là. Toute question qui se voit garantir cette attention libérée du moi devient un silence plus riche que les mondes et nous ouvre à toutes les surprises.

Nous avons un penchant inné – voire une pulsion – à être ouverts à ce qui est, et à nous mettre au diapason de la réalité telle qu'elle est. L'esprit inhibiteur veut travestir la réalité en accord avec ses propres peurs et ses propres désirs. Ce sont des tentatives pour protéger notre soi en train de s'ouvrir aux sentiments, surtout à la douleur et à la déception. La pleine conscience signifie simplement noter nos sentiments et leur prêter attention, au lieu de chercher refuge dans l'indifférence ou le mépris. Méditer dans la pleine conscience, c'est visiter l'âme comme un témoin, et non tenter de s'en évader comme un prisonnier. Il ne s'agit pas de nous dissocier de nos sentiments, mais nous désidentifier de leur pouvoir sur nous. De façon paradoxale, nous y parvenons en les expérimentant et en avançant dans ce qui vient après. Nous ne devons jamais douter de notre capacité à nous ouvrir à ce processus. Nous n'avons pas à essayer de nous ouvrir : nous le sommes toujours déjà. Le travail consiste à nous saisir au moment où nous nous fermons et à nous rouvrir avec douceur. Écrivez un poème ou une prière sur ce pouvoir potentiel et réel en vous-même.

Nous pouvons pratiquer la recontextualisation et par là transformer les conditions de la vie qui se présentent à nous. Par exemple, quand la tragédie frappe dans ma vie, je suis tenté de demander : « Qu'ai-je fait pour mériter cela ? » C'est là une réaction normale de culpabilité qui plonge ses racines dans les superstitions de l'enfance. Une alternative spirituelle adulte – plus évoluée – se présente maintenant à moi : *« Ce n'est pas pour ce que j'ai fait. C'est pour ce que je suis appelé à faire. »* Cette façon de configurer la crise consiste à conserver la relation entre synchronicité et destinée.

Tout ce qui arrive concerne la façon dont je suis appelé à être tout ce que je peux être, et non pas la façon dont j'ai pu être mauvais ou victime. Comment les tragédies et les crises de ma vie ont-elles ouvert la porte à de nouvelles perspectives, en quoi m'ont-elles aidé à trouver ma propre vérité, conduit à montrer plus d'amour, et rendu plus compassionné et compréhensif à l'égard des autres ? Quand je me concentre sur ces questions, je parviens à gérer ce qui est arrivé dans le déroulement continu de mon héroïque épopée.

J'affirme maintenant que je peux tolérer mes réactions émotionnelles sans être accablé par elles. Je me sens parfois crouler sous le poids de mes soucis. Je peux décider de tenir ma désintégration au lieu d'essayer de lui échapper ou de la régler. Je peux tenir mes sentiments terrifiants comme je tiens un enfant qui fait un terrifiant cauchemar. Du simple fait de le tenir et de le bercer, je l'aide à retrouver sa raison et à s'apaiser. Je peux me tenir de la même façon et ainsi me reconstituer. Je peux tenir ma propre désintégration jusqu'à ce qu'elle soit intégrée. Croire que la restitution suivra la crise mène à un sentiment de confiance dans l'univers et dans la force de cohésion en moi. Les sentiments deviennent alors les signes de marées vivantes, non de vagues de fond. Je suis prêt à plonger.

Je me dis à moi-même (ou à mon partenaire) :

Tu peux être brisé, je te tiendrai et je t'aimerai tel que tu es.

Tu peux t'effondrer, je te tiendrai et je t'aimerai tel que tu es.

Tu peux n'avoir rien à offrir pour le moment, je te tiendrai et je t'aimerai tel que tu es.

Tu peux être au plus bas, je te tiendrai et je t'aimerai tel que tu es.

Tu peux être déprimé, crispé, blessé ou en détresse, je te tiendrai et je t'aimerai tel que tu es.
Je ferai tout cela sans insister pour que tu règles tes problèmes. Je peux m'accommoder d'un toi qui s'effondre et qui n'est pas disponible pour moi dans le moment présent.

En physique quantique, le « principe d'indétermination » désigne le fait que le hasard et l'imprévisible se rencontrent au cœur même de la matière. L'évolution apporte de l'ordre dans ce chaos, mais le chaos n'en demeure pas moins. Notre travail personnel consiste à contenir de tels contraires en nous-mêmes. Cela veut dire autoriser les crises à se dérouler, et faire tout ce que nous pouvons pour évoquer l'harmonie qui en émane. C'est accueillir ce qui pénètre notre monde et dire adieu à ce qui veut s'en aller. La joie parfaite survient quand nous cessons de nous opposer à ce qui est.

Répondez à ces questions dans votre journal : Qu'est-ce qui est chaotique dans ma vie ? Comment puis-je autoriser le chaos ? Comment puis-je y apporter de l'harmonie et de l'ordre ? Qu'est-ce qui est prêt pour un adieu ? Qu'est-ce qui est prêt à être accueilli ? Contre quoi suis-je en train de m'accrocher ? Qu'est-ce qui veut survenir ? Quelles sont les conditions de mon existence maintenant ? Comment les affronter ? Quelle est la meilleure chance de l'amour dans tout cela ?

« Pip aimait la vie et toute la paisible sécurité de la vie, de sorte que le travail épouvantable dans lequel il s'était inexplicablement enrôlé avait bien tristement terni son éclat. [...] ce qui était ainsi tempéramment terni s'illumina finalement de feux blafards et fous, et brusquement l'éclat naturel de ce natif de Tolland County en

Connecticut se mit à briller dix fois plus. Dans son pays, il avait autrefois animé maints ébats sur les prés avec son violon et, à l'heure mélodieuse du soir, son joyeux rire en cascade avait transformé l'horizon rond en un tambourin aux clochettes d'étoiles. »

Herman MELVILLE, *Moby Dick*

Des guides qui viennent nous faire signe

« Bien que je t'aie montré la voie vers la libération, tu dois cheminer seul. »

Gautama BOUDDHA

Le héros reconnaît que ses propres capacités et ses propres efforts sont inadéquats aux exigences de sa tâche. Il consulte l'archétype de la sagesse sous la forme d'un conseiller en qui il a confiance. Cela vient de l'aspiration spirituelle du héros à entendre une voix mystérieuse, à entrer en contact avec l'infini, à demander la grâce qui l'emportera au-delà des limites de son propre savoir et ses propres pouvoirs. Il ne s'agit pas de chercher des réponses à des questions mondaines. Il s'agit de reconnaître qu'il devra toujours regarder au-delà de lui-même pour se trouver lui-même.

Les forces adjuvantes apparaissent continuellement dans l'histoire et dans notre vie quotidienne. Elles prennent des formes très diverses : des gens, des écrits, des animaux, etc. Des textes sacrés comme les Védas, la Bible, le Coran, etc. sont des exemples de guides. Ils sont une sagesse sans limites se soumettant aux limites du temps et de l'espace, une sorte d'incarnation. Leurs enseignements reflètent la sagesse du Soi intérieur, c'est pourquoi nous les reconnaissons comme sages. Ces enseignements nous font signe depuis les débuts de l'humanité. Un professeur ou un gourou est un canal légitime parce qu'il se tient dans la lignée qui remonte jusqu'à ce commencement. Pour un véritable enseignant, les enseignements sont l'enseignant.

Un véritable guide possède les caractéristiques suivantes :

Il demande une attention respectueuse, pas une obéissance aveugle.

Il nous escorte vers notre destinée, sans exiger que nous suivions la sienne. Honorer un tel guide, c'est invoquer son pouvoir à nous montrer la voie, à nous protéger, et même à nous donner la grâce d'un élan à partir duquel il n'y a pas de retour.

Un guide valable nous ramène toujours à nous-mêmes et aux richesses en nous. Il ne veut pas que l'on s'accroche à lui comme à une source, mais seulement qu'on l'emprunte comme un canal temporaire. Il nous donne de la puissance pour trouver le pouvoir en nous. Bouddha utilise l'analogie du radeau pour parler de son enseignement. Un radeau est provisoire ; il sert à nous faire franchir le fleuve, mais ensuite il est fait pour être abandonné, afin que nous avancions sans encombre au cœur de notre propre jungle. Les meilleurs enseignements /enseignants sont ceux que nous pouvons laisser sans crainte au seuil de ce qui nous attend ensuite dans notre voyage. Le radeau/ enseignement nous amène au point où le voyage commence, et il nous revient alors d'enrôler de nouvelles forces de l'intérieur.

Un guide peut aussi être celui qui révèle – ou défie – le sens de la flore ou de la faune que nous rencontrons en chemin, messages cryptiques de l'inconscient.

Un véritable guide ne cherche jamais à renforcer notre moi, ni à affirmer son moi sur le nôtre. Il nous guide au-delà de notre propre moi parce qu'il a déjà transcendé le sien en lui-même. Il ne profite jamais de nous sur le plan physique, émotionnel, sexuel ou financier.

Notre liberté de choisir est un ingrédient indispensable pour notre travail d'ouverture à la totalité. Un véritable guide est extrêmement sensible à cette liberté. Il n'offre des soutiens extérieurs que pour activer nos ressources intérieures, non pour les remplacer. Il veut que nous ayons notre propre vie, et non que nous soyons dépendants de lui.

Dans le mythe et le conte, le guide est souvent un étranger d'un autre pays ou d'une autre espèce, comme les nains dans Blanche-Neige. Un autre exemple en est l'histoire hassidique du rabbin tchèque qui rêve d'un trésor enfoui sous un pont. Il n'y trouve pas le trésor, mais un garde de Prague raconte son propre rêve au rabbin, en lui disant par dérision qu'il a vu un trésor sous le foyer de la maison d'un rabbin. Et c'est là en effet que le rabbin le trouve. Tout ce qui nous est nécessaire est là, mais nous devons nous détourner parfois pour le découvrir. Remarquez comment le garde/le guide ridiculise la signification des rêves. Notre propre guide peut lui aussi nous indiquer des voies par le rire.

À mesure que nous nous montrons plus amicaux envers la dure réalité, celle-ci apparaît de plus en plus comme le véritable guide, ne cessant de nous présenter de nouvelles opportunités d'initiation. La réalité sans fard nous donne notre meilleure instruction sur la voie à suivre. Les prétentions du moi à la souveraineté s'effondrent face à cet implacable et invincible gouverneur. Il semble nous contrecarrer sans cesse – mais dans le seul but de nous satisfaire une bonne fois pour toutes.

Seul, seul, absolument tout seul,
Tout seul sur une immense, immense mer !
Et pas un saint ne prit en pitié
Mon âme à l'agonie.
[...]
Et des millions d'êtres visqueux
Continuaient à vivre ; et moi comme eux.
[...]
Je regardai le ciel et tentai de prier ;
Mais avant qu'une prière eût jailli de mes lèvres,
Impie, un chuchotement s'éleva qui me fit
Le cœur sec comme de la poussière.
[...]
La lune errante monta dans le ciel,
Et ne s'attarda nulle part ; doucement
Elle montait dans le ciel,
Une étoile ou deux auprès d'elle.
[...]
Au-delà de l'ombre du navire,
J'observais les serpents de mer ;
[...]
O joie de ces créatures vivantes ! Nulle langue
Ne pourrait dire leur beauté :
Une source d'amour jaillit de mon cœur,
Et inconsciemment je les bénis :
Sans doute mon bon ange eut-il pitié de moi,
Car soudainement je les bénis.

À l'instant même je pus prier ;
Et, de mon cou enfin délivré,
L'Albatros tomba, et s'enfonça
Comme du plomb dans la mer.

Oh ! Le sommeil, chose douce et chérie
D'un pôle à l'autre pôle !
Grâces en soient rendues à la Reine Marie !
C'est elle qui du ciel versa le doux sommeil
Qui se glissa dans mon âme.

Samuel Taylor COLERIDGE,
Le Dit du vieux marin

Dans ce poème, le marin a tué l'albatros et ainsi attiré la malédiction sur lui et sur l'équipage. Il est devenu une force affligeante alors que chaque marin à bord est appelé à être une force adjuvante. L'albatros était un oiseau de bon augure qui guidait les navires à travers les eaux glacées. Le marin sans le savoir a abattu un guide spirituel, une grâce visionnaire venue compléter les efforts des marins dans leur voyage vers le tout. C'est là un symbole du fait qu'il nous arrive parfois de nier et de tuer les pouvoirs qui viennent nous aider, nous aimer ou nous compléter. Le marin n'a pas trouvé de moyen de réparer son méfait. La mort et la solitude règnent. Il est condamné à porter l'albatros mort autour de son cou. Il est assis seul une nuit, contemplant simplement avec une attention captivée la mer et ses merveilleuses créatures. Il est là et il assiste, c'est-à-dire qu'il est pleinement conscient. Dans ce moment sans effort, le « bon ange » du marin prend pitié de lui, et il bénit les créatures qu'il redoutait auparavant. Dans le poème, les mots « une source d'amour jaillit de mon cœur », « mon bon ange », « inconsciemment » sont autant de moyens de montrer l'absence d'effort et donc l'absence de moi dans cette expérience. C'est de la grâce pure. Elle survient pour et à travers le marin, et à ce moment, « L'Albatros tomba, et s'enfonça /comme du plomb dans la mer ».

Il nous suffit de rester assis et de regarder le spectacle. Les forces adjuvantes entrent en jeu ; notre « bon ange » ouvre une source abondante dans notre cœur et nous libère de ce que nous portons autour du cou ; par l'intervention de sa grâce, la guérison survient. Le marin est le moi ; le bon ange est le Soi. Ils peuvent être bons amis quand nous avons perdu notre route et que notre moi n'offre pas de chenal de navigation.

L'albatros de l'histoire est crucial pour l'éveil du marin. Les animaux, tant dans la vie éveillée que dans celle du rêve, servent souvent de guides ou de déclencheurs pour la transformation. « Quand nous devenons plus spirituels, disait Jung, un animal apparaît. » Les animaux peuvent apparaître dans l'expérience de la vie et dans les rêves, à des moments synchrones, pour nous escorter le long de notre route. Joseph Campbell écrit : « Les animaux sont les grands chamanes et les grands maîtres [...] des messagers signalant quelque merveille [...] notre gardien personnel venu nous accorder ses conseils et sa protection. »

Les animaux apparaissent parfois de façon synchrone quand nous avons besoin d'une information sur notre voie. On l'appelle la médecine animale. Par exemple, je regarde d'un air absent par la fenêtre, en me demandant s'il est temps de laisser tomber cette relation. Soudain, surgi de nulle part, un couple de colibris fonce sur la vitre, où il ne vient pas en général, et semble me regarder. C'est de la « médecine colibri » qui peut vouloir dire : « Continue à réfléchir à ta relation et donne-lui encore un peu de temps ! » Une plume d'aigle tombe à mes pieds alors que j'ai peur de prendre un certain risque. C'est de la « médecine aigle », qui m'encourage peut-être à la fermeté. La synchronicité tient au lieu inattendu et inhabituel où apparaît l'animal, au moment de son apparition, et à notre capacité à remarquer la précision de la métaphore.

L'une de ces figures de guide allégorique est le chamane. Il sert de médiateur entre les mondes visible et invisible. C'est un guérisseur et un voyant, la force adjuvante centrale dans une communauté tribale, une personnification de la grâce. Sa vocation vient d'un esprit tutélaire et de ses esprits-aides, et ne peut être refusée. La vocation commence souvent par une blessure qui guérit mystérieusement. Le chamane subit une initiation au cours de laquelle il traverse de grandes souffrances, et même un démembrement. Sa survie est alors la réincarnation du thème de la mort et de la résurrection.

Le chamane apprend l'art de voyager sans peine entre le plan terrestre et le plan céleste. Il monte avec les prières de l'humanité et redescend porteur de messages divins. Il est une métaphore de l'axe du profane et du sacré dans l'intégration humaine, une image de l'axe moi/Soi, qui sont autant de connexions synchrones. Comme le chamane appartient à la fois au monde des apparences et au monde de l'esprit, il peut résister par la volonté à une douleur mortelle – marcher sur des braises, par exemple – ou converser librement avec des êtres divins. Le chamane est un sherpa pour l'au-delà, un guide qui connaît l'itinéraire vers le monde immortel. Sa capacité à voler est la métaphore de cette sagesse. L'un des Védas dit : « Ceux qui savent ont des ailes ! »

Le chamane transcende la condition humaine et les membres de sa communauté le révèrent et voient en lui celui qui plaide pour leur survie. Ce qu'ils éprouvent en fait est de la nostalgie, puisqu'ils avaient tous ces pouvoirs dans le passé archaïque, mais les ont perdus à mesure que le moi effrayé et accroché prenait de l'ascendant. *Le Livre des morts* égyptien décrit l'âme comme un faucon qui s'envole vers le jardin primordial. La « chute originelle » est sans doute la perte de cette capacité à voler.

Les rituels reconstruisent le pont entre ciel et terre, ranimant la communication avec le monde de l'esprit et réconciliant les hommes et les dieux. Le chamane traverse ce pont, emmenant les candidats avec lui quand ils sont prêts. Le pont est ouvert « pour un instant seulement ». C'est le moment synchrone, le *kairos*, le passage mystérieux.

Ces métaphores décrivent notre propre capacité intérieure à être guidé par des êtres qui savent transcender les contraires, franchir les limites des sens et de la sensibilité, et abolir les polarités du temps et de l'intemporel. Le chamanisme est une promesse durable d'un passage entre les oppositions guerrières sur lesquelles prospère le moi. Là, nous ne sommes plus limités par les lois de la nature, et notre liberté s'élargit de façons que nous n'aurions jamais crues possibles. Les pouvoirs chamaniques sont dans le Soi, et nous y accédons quand nous construisons ce pont entre le Soi et le moi sain. Nous volons alors vers les hauteurs spirituelles et transcendons les limites du monde borné par le temps. La synchronicité est le médiateur, l'avocat chamanique familier qui nous assiste dans le passage du moi démembré à la totalité. C'est l'authentique passage vers notre être authentique avec sa façon propre de voler, ses propres soupirs et ses propres moments visionnaires.

Remarquer les forces adjuvantes

1. Qui sont les guides dans votre vie ? Comment les remerciez-vous ? En quoi avez-vous écouté ou négligé leurs suggestions ? Les gens que vous considérez comme des guides remplissent-ils les critères esquissés plus haut ? En quoi les rêves et les synchronicités agissent-ils pour vous comme des guides et des chamanes ?

2. Peut-être la guidance ne finit-elle pas avec la mort. Les saints et les bodhisattvas qui ont reçu l'illumination ont promis de rester à notre côté pour nous aider dans notre combat. Leur amour, leur sagesse et leur pouvoir guérisseur ne sont pas morts avec eux, mais vivent dans le trésor d'où nous tirons chaque moment de chaque jour. Saint Jean Chrysostome a écrit dans son hymne à Marie le jour de son ascension : « Tu es partie, mais tu ne nous as jamais quittés ! » Exprimez votre appréciation aux sources d'invisibles assistances dans votre vie.

Si quelqu'un que vous respectez est un jour sur le point de mourir, envisagez de le prier d'être votre guide dans l'autre plan pour le reste de votre vie. Vous pouvez adresser la même prière à quelqu'un qui est déjà passé, surtout une personne qui vous aimait vraiment.

3. Comment m'appuyer sur mon propre effort et imaginer que c'est tout ce qui existe ? Comment ai-je tué ce que j'aimais le plus ou dont j'avais le plus besoin ? Comment est-ce que je porte l'albatros de mes fautes passées ? Que me faudra-t-il pour lâcher prise ? Comment puis-je accueillir mes forces adjuvantes ? En quoi leur refusé-je l'entrée ?

« La terrifiante obscurité était devenue complète. [...] Soudain, ma chambre s'illumina d'une indescriptible lumière blanche. Je fus saisi d'une extase défiant toute description. [...] J'étais au sommet d'une montagne où soufflait un grand vent. Un vent non pas d'air, mais d'esprit. Avec une grande force pure, il souffla droit à travers moi. Puis vint la pensée fulgurante : “Tu es un homme libre.” [...] Une grande paix descendit sur moi et [...] j'eus la conscience aiguë d'une Présence qui semblait une véritable mer d'esprit vivant. Je gisais sur le rivage d'un nouveau monde. [...] Pour la première fois, je sentis que j'étais vraiment à ma place. Je savais que j'étais aimé et que je pouvais aimer en retour. »

Bill WILSON, Bill W., *My First Forty Years*

CHAPITRE VII

Rêve et synchronicité

> « Dans les rêves, la psyché parle en images, exprimant des instincts issus du niveau le plus primitif de la nature. En conséquence, par l'assimilation de contenus inconscients, la vie momentanée de la conscience peut être une fois encore amenée en harmonie avec la loi de la nature, d'où toute chose ne tend que trop facilement à s'écarter, et nous pouvons être ramené à la loi naturelle de notre être propre. »
>
> Carl Gustav JUNG

Les mythes sont les métaphores de nos potentiels humains. Les rêves sont des histoires mythiques qui captivent notre attention, et cette attention peut conduire à la guérison. Les rêves, la poésie et les mythes sont tous issus du même lieu, de ce point de contact entre l'esprit et la matière, l'humain et le divin, l'homme et la femme, le personnel et le transpersonnel, le moi et le Soi, la mort et la vie. Tous sont liés comme le yin l'est au yang. Ce sont des complémentarités qui deviennent des unités, comme l'inspiration et l'expiration. Les rêves, issus de l'inconscient, sont « la voie royale » pour nous mener à lui. Ils nous révèlent notre identité, notre chemin, la prochaine étape, ce qui réside en nous et qui est prêt à émerger ou à évoluer. Chaque rêve s'adresse à notre condition, mais de façon complexe. Les rêves, qui reflètent et présagent les moments difficiles de notre vie, sont de remarquables exemples de synchronicité.

Savoir qui nous sommes est une tâche double. C'est avant tout connaître nos souhaits et nos aspirations les plus profonds, comme nos amours et nos peurs. Mais c'est aussi connaître l'espace qui s'ouvre en nous quand nous dépassons nos besoins, nos désirs et nos peurs pour élargir notre amour. Les rêves nous montrent comment passer de l'un à l'autre, comment poursuivre notre voyage vers le tout. Non seulement ils nous introduisent à des parties de nous-mêmes, mais ils nous poussent à visiter les archétypes – les énergies innées – susceptibles de nous libérer de la domination du moi.

L'identité du moi est incrustée dans la perception que nous avons habituellement de nous-mêmes, des autres et de toute notre vie. Elle est dépourvue de toute surprise, pleine de réactions éculées et prévisibles. Notre identité d'âme est libre d'habitudes, de biais et d'orthodoxie. Elle est pleine de surprises et de grâce. Cette identité spirituelle abrite un ensemble de réactions appropriées et courageuses à tout ce que peut apporter la vie. Notre vrai Self est un répertoire intérieur de pouvoirs. Il est comme un couteau suisse équipé de lames pour tous les imprévus qui peuvent survenir dans la forêt imprévisible. Les rêves nous viennent de ce lieu – ou plutôt de cet espace – de pouvoir en nous. Notre voyage consiste à avancer assez longtemps au-delà des retranchements du moi pour nous sentir en contact avec notre totalité.

Les rêves sont des visions issues d'une intelligence supérieure qui nous indique les points aveugles de notre moi et nous invite à les affronter. Les rêves viennent d'un savoir plus grand que notre moi ou notre QI. Ils nous apprennent ce que nous ne savons pas encore. Quelle ironie que nous ayons des âmes incapables de connaître les vérités les plus profondes à notre propre sujet ! Nos interprétations d'un rêve passent souvent à côté, parce que les rêves parlent le langage du Soi au moi. Ils ne sont pas le moi en train de se parler à lui-même. Comme des anges, les rêves sont des agents intelligents qui viennent à notre secours. Les décisions prises sur la base de la seule logique trahissent cette voix de l'âme en nous qui, grâce à nos rêves, ne reste jamais longtemps silencieuse.

Les rêves ne nous disent pas ce qu'il faut faire, mais pointent ce qui n'est pas vécu en nous. Cette intelligence plus vaste est inconsciente et n'utilise pas la logique du langage ordinaire. L'âme est la faiseuse de rêves, pas l'âme logique. Pour Jung, l'âme est le lien entre notre conscience et notre inconscient. Elle est constituée d'images. L'inconscient produit des images comme le corps produit des globules blancs, et ces images nous disent comment trouver la guérison psychologique et spirituelle, quand elles ne la font pas advenir elles-mêmes.

Les rêves et la synchronicité sont à l'œuvre de la façon la plus visible dans ce que Jung appelle la fonction transcendante de la psyché : une image de guérison et de synthèse surgit automatiquement dans un rêve quand nous retenons nos tensions guerrières au lieu de prendre parti pour l'une ou pour l'autre. Quand nous retenons ces tensions, les contraires se combinent au lieu de nous attacher à une polarité. Par exemple, nous remarquons que nous sommes trop contrôlants à certains moments, et pourtant trop soumis à d'autres. Tenir les tensions signifie que nous contemplons l'une et l'autre, que nous leur faisons une place en acceptant leur égale légitimité, mais sans nous sentir tenus d'agir uniquement à partir de l'une ou de l'autre. Une troisième option de guérison apparaît alors : je me vois dans un rêve agir avec douceur tout en affirmant mes droits. Dans cette image – et le projet qui me vient en conséquence pour la mettre en œuvre – mon dilemme est résolu. Je respecte les deux côtés et je trouve une façon de manifester l'un et l'autre sans me violer moi-même ni qui que ce soit d'autre. C'est ainsi que le chaos devient cosmos.

La psyché produit de façon synchrone l'image précise qui nous aide à réconcilier nos contradictions internes. Nous affrontons un conflit conscient au moment même où la psyché nous offre une solution sous la forme d'une image issue de notre inconscient, c'est-à-dire de notre âme. Les papillons étaient l'image la plus fréquente sur les murs des camps d'enfants dans l'Allemagne nazie. Quel exemple touchant de la fonction transcendante de la psyché assiégée !

Les rêves indiquent à notre moi conscient où il en est de son voyage, combien il est devenu partial, à quel endroit des changements sont prêts à survenir. Le visage que nous dissimulons à la lumière du jour nous revient dans nos rêves. Ce que nous avons exclu, ce que nous ne croyons pas pouvoir intégrer, exige maintenant d'être réintégré, car la psyché contient une puissante direction instinctive. Elle veut inclure, restaurer et intégrer ce qui est clivé par la peur et la résistance. Nous redoutons l'inconnu. Nous résistons à notre côté sombre, plein de pulsions dangereuses, et à notre côté lumineux, plein de vastes potentiels. Un rêve apporte de façon synchrone une image évoquant cette situation. Cette unique image de rêve évoque une signification unique qui apparaît dans notre vie unique pour l'unique objectif de notre vie.

Les rêves passent du noyau divin de la psyché aux électrons en orbite de la vie quotidienne. Quand nous écoutons nos rêves, ils nous emmènent au plus profond du terrain fertile du Soi. J'entends par là une connexion plus signifiante et plus harmonieuse entre le moi et le Soi, c'est-à-dire plus d'âme. Dire que les rêves n'ont pas de signification, c'est comme être dans un pays étranger et s'imaginer que la langue que l'on y parle est du charabia. Toutefois, il ne faut pas prendre les rêves au pied de la lettre, ni s'imaginer qu'ils nous offrent une information complète. Ils sont parfois comme un compas, qui indique le nord mais pas le moyen d'y parvenir, ni à quoi il ressemblera une fois que nous l'aurons atteint. Parfois, ils sont comme une carte qui indique précisément comment s'y rendre.

L'artiste intérieur de notre véritable Soi utilise deux pinceaux : l'un conscient dans la synchronicité, et l'autre inconscient dans les rêves. Les synchronicités de notre vie et les images de rêves qui nous ont le plus excités ou stupéfiés sont les meilleurs indices – bien que souvent les plus ambigus – de notre auto-réalisation. Quand un rêve confirme un mouvement dans la psyché, il est en soi une synchronicité.

Si nous devenons consciemment trop partiaux, notre psyché nous inondera non seulement de rêves, mais aussi de coïncidences et de relations nous ordonnant d'aller visiter l'autre côté. Par exemple, si nous sommes trop contrôlants, des événements vont survenir qui renverseront notre château de cartes. Travailler avec la synchronicité, c'est accompagner ce programme et se laisser traverser par sa lumière.

Notre psyché est donc cet expert en algèbre qui a deux façons favorites de résoudre une équation. Il peut compenser la partialité en s'occupant du contraire à notre place, ou il peut nous présenter une troisième solution alors que nous balançons entre deux possibilités sans agir sur aucune. Les formes uniques des synchronicités qui se groupent autour de nous nous indiquent quel programme a été choisi.

Les rêves travaillent avec la synchronicité quand ils confirment ou défient les étapes et les transitions qui nous attendent. Ils le font en annonçant l'avenir, en envoyant ou en recevant une information avant que l'esprit linéaire ne puisse la connaître, et en nous présentant précisément les images qui nous aident à trouver notre voie. En ce sens, toutes les images sont des forces adjuvantes. Dans les rêves comme dans la synchronicité, les contraires s'unissent et le paradoxe règne. Cela tient au fait que la psyché est un tout équilibré qui transcende les distinctions logiques. La synchronicité et les rêves équilibrent les exagérations du moi et ses aspects non vécus et niés. Les rêves et la synchronicité compensent les biais du moi et peuvent également les rectifier.

Il y a également de la synchronicité dans une série de rêves. Lire un journal où nous avons consigné nos rêves peut donner une soudaine cohérence à la série apparemment chaotique de nos rêves récents. Des thèmes ou des images spécifiques reviennent à plusieurs reprises, indiquant un déroulement plus ordonné en nous et autour de nous que nous ne l'aurions soupçonné. C'est le façonnement intérieur de l'individuation. Le travail du rêve – les techniques qui suivent – rendent ce processus conscient.

« Les rêves préparent et annoncent des situations bien longtemps avant qu'elles n'arrivent. Ce n'est pas un miracle ni le don de double vue. La plupart des crises ont une longue incubation dans l'inconscient. »

Carl Gustav JUNG

Se rappeler ses rêves et apprendre d'eux

L'intérêt et la concentration sont les clés d'une bonne mémoire. Plus vous prêtez attention au processus de mémoire et plus vous consacrez d'efforts à la remémoration, mieux vous vous souvenez. « L'attention à l'inconscient lui adresse un hommage qui garantit sa coopération », dit Jung. Voici quelques suggestions :

Gardez un bloc-notes ou un dictaphone près de votre lit, pour les avoir sous la main quand vous vous réveillez de chaque rêve au cours de la nuit. Vous n'aurez pas de mal à vous rendormir. La nuit, n'écrivez ou ne dictez que les phrases-clé qui résument le rêve. Au matin, elles susciteront le reste du rêve, que vous pourrez inscrire dans votre journal.

Usez de l'autosuggestion toute la journée et en vous endormant : « Je me rappelle mes rêves, je me réveille et je les écris. »

Réveillez-vous naturellement, sans la sonnerie d'un réveil.

Évitez les mouvements brusques au réveil. Ils tendent à bousculer la mémoire à court terme.

Au réveil, gardez les yeux fermés après un rêve, sous peine d'être distrait par les objets qui vous entourent. Les yeux fermés, revoyez les éléments-clé de votre rêve et notez-les.

Plus vous renoncez au besoin d'une explication, plus vous accédez au monde du rêve, au-delà du moi-esprit ordinaire.

Énumérez ces catégories de rêve quand vous cherchez à vous en rappeler un :

Personnages : amis, famille, célébrités, mythes, étrangers.

Nature : arbre, oiseau, étoile, eau, etc.
Objets : vêtements, armes, outils, immeubles, etc.
Qualificatifs : petit, grand, laid, etc.
Émotions : joie, colère, peur, chagrin, compassion.
Sensations : chaleur, froid, sens.
Lieux : maison, travail, théâtre, église dehors/dedans, étrange/familier, etc.
Circonstances : le temps qu'il fait, seul ou avec d'autres, silence ou bruit.
Résultats : échec, gain, résolu/non résolu, heureux/malheureux.
Interactions : bagarre, jeu, coopération, compétition, comportement sexuel.

Exercez vos sens : représentez-vous une image du rêve, puis faites-la bouger, sentez-la, écoutez ses bruits, remarquez ce qui l'entoure, etc.

Une fois que vous vous êtes rappelé un rêve, racontez-le ou écrivez-le, puis racontez-le à nouveau au présent. Notez ce que vous ajoutez ou ôtez la seconde fois. Donnez au rêve un titre et un résumé en une phrase. Prenez note de son contexte. Voyez s'il s'inscrit dans une série de rêves sur des thèmes similaires. Remarquez les couleurs, les textures, les odeurs. Tous les rêves sont en couleurs, mais la couleur est ce qui s'oublie le plus vite, et il vaut donc mieux les noter en premier. Traitez chaque objet comme une entité individuelle (*ce* lynx, pas *un* lynx) et vivante, car il y a une énergie vivante dans chaque personne, chaque lieu ou chaque objet d'un rêve.

Tirez des associations de chaque image en vous demandant : « Qu'est-ce qu'elle me conduit à penser ? » Identifiez-vous aux images et aux personnages en interprétant chaque rôle. Chaque personne, chaque chose peut être une part de nous-mêmes qui n'est pas encore intégrée. Conversez avec les images et les personnages en un dialogue intérieur. Terminez en imaginant ce que le rêve a laissé en suspens. Voyez ce qui a été laissé de côté et ramenez-le. Répondez aux questions laissées irrésolues. Essayez différentes fins et notez les sentiments qu'elles suscitent.

Prêtez une attention particulière à l'environnement, aux réactions corporelles et émotionnelles, et à ce que ce rêve peut venir compenser. Distinguez les significations objectives : membres de la famille ou personnes signifiantes qui apparaissent sous leur propre forme, et en général se représentent elles-mêmes – des significations subjectives : figures du rêve, étrangers, personnages du type « elle ressemblait à ma mère mais ce n'était pas elle ». Ce sont souvent des symboles de parties de nous-mêmes qui demandent de l'attention ou une intégration.

Posez-vous ces questions sur les objets ou les thèmes des rêves : quelle partie de moi ressent ce type de chose ? Quel endroit m'évoque ce lieu ? Qu'est-ce qui dans ma vie me fait éprouver cela ? Qu'est-ce qui a besoin d'être abandonné ou au contraire retenu ? Quelle partie de moi suis-je en train d'abandonner, de craindre ou de rejeter ? À quoi ressemble ma vie ainsi ? Voyez les objets et les événements du jour comme des forces adjuvantes ou affligeantes.

Les rêves sont conçus pour qu'on vive avec eux comme des amis, et non pour qu'on les analyse comme des patients. Nous tirons un plus grand bénéfice d'un rêve quand nous l'autorisons à se révéler à nous et quand nous tentons de l'interpréter et de lui fixer un sens. Aucun rêve n'a une signification unique. Le sens d'un rêve peut changer avec le temps. Laissez-le se dérouler. Je vois mon chat assis sur une chaise. Je peux me demander à quel moment il va sauter. Je peux vouloir à tout prix répondre à cette question et même m'énerver là-dessus. Ou je peux simplement continuer à l'observer : il sautera bien à un moment ou un autre, et je saurai alors à quel moment il a sauté. Pratiquez la patience avec un rêve en attendant qu'il soit prêt à fondre sur vous chargé de tout son sens.

Le fait qu'une image dans un rêve évoque une chose qui m'est arrivée la veille n'affaiblit pas sa signification. Le faiseur de rêves est un metteur en scène qui utilise chaque personne et chaque événement pour vous raconter votre histoire. Les rêves ne sont pas à prendre au pied de la lettre, mais métaphoriques et symboliques. Le symbolisme n'est pas amoindri par la familiarité des images, de même qu'un film n'a pas moins de sens parce qu'il montre un acteur connu ou reprend des accessoires d'un autre film. Cherchez les symboles sans les faire entrer de force dans vos images.

Il n'y a pas de moralité dans les rêves. Voler, par exemple, peut signifier resituer une énergie pour l'employer à un nouvel usage. Hermès et Prométhée ont volé pour aider l'humanité. Ils vivent en nous comme des archétypes, comme tous les héros et les méchants que nous avons croisés dans la réalité ou dans la fiction. Notez comment les rêves vous montrent vos propres projections à travers les étranges personnages que vous y croisez.

L'interprétation est suspecte si elle coïncide avec une attente, puisque l'inconscient vient compenser nos souhaits ou nos besoins, non les réaliser. Cherchez ce qui manque dans votre vie, plutôt que les désirs que vous voulez voir satisfaits. Dans tous les cas, l'interprétation n'est pas le point principal du travail sur le rêve ; le principal, c'est de s'engager dans les images pour découvrir leur énergie vivante. James Hillman décrit ainsi son objectif principal : « La règle d'or dans le traitement d'un rêve est de le garder en vie. Le travail sur le rêve est sa conservation. »

N'acceptez jamais un « Je ne sais pas ! » Trouvez l'endroit en vous où un savoir attend d'être découvert. Inventez quelque chose et voyez comment les choses s'imbriquent.

Les images du rêve peuvent se métamorphoser : « Je voyais un chien, mais après il se transformait en homme. » La forme première conduit en général à une forme plus signifiante. Suivez le passage de la première version à la seconde.

Les animaux dans un rêve nous guident souvent vers de riches dépôts dans la mine de l'inconscient. Suivez-les. Alice découvrit un nouveau monde en suivant le lapin blanc. Dorothy retrouva le chemin de sa maison en suivant le chien Toto, tombé du dirigeable.

Prêtez une plus grande attention à ce qui vous engage, vous dégoûte, ou vous laisse perplexe.

Si vous êtes autodestructeur dans un rêve, demandez-vous ce qui dans votre moi bloque votre développement.

Un sentiment d'isolement dans un rêve peut signifier un développement spécifique qui n'est pas encore perçu par les autres. Rappelez-vous que toute conscience supérieure est souvent une forme de solitude, votre entourage n'ayant pas saisi encore ce que vous avez déjà compris.

Plus vous êtes actif dans un rêve, plus vous êtes impliqué dans votre processus conscient : par exemple, « Je plantais des fleurs » au lieu de « Je voyais qu'on plantait des fleurs ». Notez dans votre journal les moments où vous écrivez sur un mode ou sur l'autre.

C'est un signe de progrès quand les rêves n'utilisent plus de symboles pour les sentiments (par exemple le feu pour la colère), mais laissent les sentiments faire directement irruption. Notez ce que vous ressentez au réveil. Ce sentiment peut être le signe que quelque chose est prêt à être exprimé, ou du moins reconnu.

Veillez aux jugements que vous portez sur vos rêves, comme : « J'ai fait un mauvais rêve. » Il n'y a pas de mauvais rêve. « Mauvais » indique une chose non vécue ou non reconnue du fait du refoulement. Vous découvrez non pas combien vous êtes mauvais, mais à quel point une partie de vous veut être exposée et abordée. Demandez-vous sans crainte quelle peut être cette partie.

Vous pouvez aussi vous dire : « Je dois être une personne épouvantable et avoir des choses terribles en moi pour faire de tels rêves ! » Chacun de nous contient toutes les images de l'humanité. Chacun de nous a en lui l'ombre humaine collective. « Pourtant, dans tes ruelles obscures brille une éternelle lumière », dit un chant de Noël. Il y a dans chaque image obscure un noyau créatif, un potentiel de lumière et de bonté qui apparaît quand nous cessons de nous voir comme mauvais. Cherchez ce précieux noyau.

Gardez la trace des thèmes ou des images du rêve qui reviennent chaque fois que vous entamez une nouvelle entreprise. Cela peut vous aider à prendre une décision. Par exemple, vous remarquez que l'image d'une voiture qui ne veut pas démarrer est apparue dans votre journal de rêves avant les entreprises qui ont échoué. Peut-être cette image est-elle un avertissement vis-à-vis d'un choix que vous vous apprêtez à faire.

Utilisez les mêmes techniques dans la vie quotidienne, surtout pour vous ancrer dans des situations qui peuvent vous paraître étranges ou irréelles.

« Les rêves sont la langue maternelle de l'inconscient. »

Carl Gustav JUNG

Les rêves récurrents

L'effet Zeigarnik est une théorie affirmant qu'une tâche non terminée revient dans la mémoire pour réclamer qu'on la finisse, alors qu'une tâche terminée reste tranquille. C'est ainsi que les rêves récurrents peuvent désigner un défaut ou un excès persistant qui réclame notre attention. Ils peuvent aussi indiquer un trauma qui n'est pas encore assimilé. L'image se répète dans le monde des rêves pour nous aider à absorber et à intégrer ce choc lointain. Les rêves récurrents peuvent aussi anticiper un développement dans la psyché. Ils sont récurrents parce que quelque chose veut entrer : « Qui donc frappe si fort à la porte ? » demande Frère Lawrence dans *Roméo et Juliette*.

Les exemples courants de rêves récurrents sont : la peur de tomber, une voiture qui ne démarre pas ou ne s'arrête pas, un examen non préparé, sauver un enfant, être pris dans un cataclysme, être en retard, ne pas pouvoir sortir ou entrer, l'exclusion, la nudité, les animaux. Nous pouvons aussi rencontrer des lieux récurrents, connus ou inconnus. Cela cadre avec l'ancienne croyance que la guérison est souvent associée à des lieux spécifiques, comme les temples d'Esculape, le Gange, le Machu Picchu ou la grotte de Lourdes.

La synchronicité et les rêves récurrents sont liés quand ils semblent désigner le même message. Je peux avoir une série de rêves où je perds ma prise et souffre ensuite d'une diminution de mes pouvoirs dans ma vie consciente. Les rêves vont souvent confirmer ou infirmer un choix que j'ai fait et qui a de grandes conséquences. Les mondes extérieur et intérieur étant deux faces d'une même médaille dans la conscience, le monde de l'action et le monde des rêves s'unissent activement.

Les rêves archétypaux

> « Les rêves désignent une santé potentielle supérieure, et pas seulement les crises passées [...]. Ils offrent des indices aux archétypes de la psyché qui réclament une reconnaissance. »
>
> Joseph CAMPBELL

Les archétypes sont des thèmes récurrents typiques de la psyché humaine, qui apparaissent comme des images ou des personnages dans les histoires et les mythes du monde entier. Les archétypes sont des domaines d'énergie psychique au sein du Soi. Ils proposent au moi le défi spirituel de vivre chaque énergie, ou du moins de l'associer à d'autres. Les archétypes incluent des thèmes communs à toutes les religions du monde : la mort et la résurrection, la transformation, les épiphanies, l'ascension, le mariage mystique, le jugement, le châtiment, etc. Les archétypes sont aussi personnifiés dans les histoires mettant en scène le héros, l'ombre, le guide, le lutin, la terre mère, le ciel père, etc. L'individuation survient à mesure que nous intégrons consciemment ces pulsions inconscientes, ou instincts, dans le tout. Le tout est en fait l'intégration des potentiels archétypaux situés en nous à ceux qui se trouvent autour de nous dans nos relations et nos expériences.

La plupart des rêves viennent de notre inconscient personnel et nous parlent du travail de notre moi, de la façon d'agir dans le monde pour nous accomplir et nous lier plus efficacement aux autres. Tels sont nos défis psychologiques. Mais certains rêves viennent de notre inconscient collectif/cosmique pour affirmer une tâche archétypale, c'est-à-dire un défi spirituel. Les images archétypales viennent à notre rencontre dans un rêve, portant avec elles la grâce ou le pouvoir de nous assister dans nos choix conscients. Cette visite a un caractère sacré. C'est une vision spirituelle qui nous fait signe d'avancer et nous renforce sur notre voie humaine vers la totalité. Marie-Louise von Franz l'exprime ainsi : « Chaque fois que nous entrons en contact avec la réalité archétypale profonde de la psyché, elle nous pénètre du sentiment d'être en contact avec l'infini. »

Les rêves archétypaux nous offrent un aperçu sur le monde invisible, la province de la spiritualité. Les merveilles de la synchronicité sont constantes dans la psyché – ce domaine où l'on n'obéit pas aux lois de la nature et où les limites du moi sont en permanence transcendées. Les rêves archétypaux sont donc des rites d'initiation dans notre monde spirituel. Ils surviennent dans les moments de crise. Ils annoncent une transition, le moment où une nouvelle force est prête à faire surface, où une nouvelle attitude s'impose pour affronter de nouveaux défis. La vieille attitude partiale ne suffit plus. La sagesse oraculaire, transcendant le moi du Soi archétypal, émerge des profondeurs de la psyché. La prêtresse de Delphes a toujours été présente en nous, mais il est possible que nous n'ayons pas voyagé assez loin en nous-mêmes pour la consulter. Les rêves archétypaux sont émis des profondeurs de la nature où se tient la prêtresse. Ils nous parlent par sa voix, que nous sommes prêts désormais à entendre.

Comment distinguer les rêves archétypaux des rêves personnels ? Les premiers se déroulent comme une épopée, un itinéraire, un combat, une découverte. Il y a ici l'idée de la traversée d'un tunnel, comme si le rêve venait d'un monde situé bien au-delà de notre monde routinier. Nous pouvons sentir un pouvoir qui nous contient, mais que nous ne contenons pas. Les synchronicités vont abonder pour éveiller la vie afin qu'elle corresponde aux motifs de ces rêves. Les rêves archétypaux se caractérisent par des sentiments forts qui nous laissent un souvenir non moins fort. En fait, les rêves archétypaux sont inoubliables, contrairement à la plupart des rêves personnels. Ils nous laissent un fort sentiment du sacré et d'un monde d'outre-tombe.

Les rêves archétypaux pointent directement vers la transformation. Par exemple, je peux rêver que je me noie dans une mer turbulente. Soudain, une femme fantomatique apparaît. Elle plane au-dessus de l'eau en me priant de la rejoindre. Je me sens paralysé et j'en suis incapable. Un dauphin apparaît soudain à mon côté et je le regarde, toujours immobile. Il bondit alors vers elle en me laissant dans l'eau et en m'éclaboussant avec une telle force que je suis certain d'être condamné. Je me réveille dans la peur, avec la sensation d'avoir manqué une opportunité de dépasser mes limites. Je reconnais dans la femme une force féminine qui défie ma conscience réticente et m'offre de nouveaux pouvoirs et de nouvelles perspectives sous la forme de son ami le dauphin. Je continue à méditer sur ce rêve toute la journée. Quels envols ai-je peur de prendre ? Quelle est cette force adjuvante que je n'espérais pas ? À quelle voix suis-je en train de dire non ? Dans quelles eaux de renaissance refusé-je encore de noyer mon moi ?

Dans les périodes de sentiments forts, la psyché produit souvent une image archétypale dans la vie éveillée. C'est la synchronicité. La psyché a un album complet d'images de notre expérience vitale et de celle de nos ancêtres, et elle sait exactement laquelle convient à une situation donnée. C'est ainsi que notre âme/ la synchronicité nous aide à accomplir notre travail. Lorsque nous œuvrons à la résolution d'un conflit dans notre vie intérieure, nous avons moins besoin de nous obséder sur lui ou de le mettre en scène dans notre vie quotidienne. C'est parce que nous sommes concentrés sur ce point en nous-mêmes où les images sont générées et où les contraires se réconcilient. À mesure que nous entrons en contact avec notre propre cœur qui transcende le moi, nous rendons visible la totalité qui est toujours déjà en nous. Les rêves archétypaux connectent le monde fini du moi au monde infini du tout.

Le travail sur le rêve doit être pratiqué sur les rêves archétypaux, et pas seulement sur les rêves personnels. « Le travail du rêve, dit Jung, libère une expérience qui nous saisit ou nous tombe dessus d'en haut, une expérience dotée d'une substance et d'un corps comme ces choses qui survenaient chez les anciens. Si nous devions la symboliser, je choisirais l'Annonciation. » L'Annonciation faite à Marie par l'archange Gabriel est un archétype d'ouverture aux nouvelles de sa destinée. La scène est une métaphore de notre réceptivité aux messages spirituels, qui mène à l'incarnation d'objectifs transcendants en nous. Marie, symbolisant le moi ouvert, prononce un Oui inconditionnel et tombe enceinte de Jésus, archétype du tout. Les synchronicités abondent dans ce moment : la rencontre de l'angélique et de l'humain, de l'homme et de la femme, de l'immortel et du mortel, du transpersonnel et du personnel, du fini et de l'infini, de la virginité et de la maternité, du moi et du Soi, de la limite et de la totalité. Le travail archétypal du rêve facilite de telles combinaisons.

L'Annonciation signifie bien plus que recevoir des nouvelles. Ici, nous sommes touchés par le zèle du divin à pénétrer notre condition humaine et par la joie de la nature humaine à participer au divin. « Pour chaque pas que fait le moi vers le Soi, le Soi en fait cent vers le moi », écrivait Jung à propos du zèle du Soi à s'incarner en nous.

Travail du rêve et imagination active

La synchronicité exige la conscience.

Dans le travail du rêve, nous activons notre imagination consciente pour amplifier les messages inconscients des rêves. Les rêves veulent trouver une expression ou une complétion dans notre monde éveillé. L'imagination active facilite cela, puisqu'elle active la fonction transcendante de la psyché. Le travail du rêve est notre façon de synchroniser le message inconscient et le travail conscient. C'est une façon de construire à partir des thèmes et des images de nos rêves en dialoguant avec eux. Ce processus devient synchronicité quand il honore la fonction transcendante de la psyché consistant à unir le conscient et l'inconscient en nous et en faire la synthèse. La psyché achemine des images issues du trésor de l'âme en nous et au-delà de nous. La psyché présente dans les rêves et dans l'imagination active l'image précise qui est nécessaire ici et maintenant à notre montée vers la conscience. Telle est l'essence de la synchronicité des rêves, qui laisse passer la lumière pour que nous puissions voir dans le noir.

« L'imagination agit en imprimant la marque de l'humanité sur des objets inanimés ou purement naturels », dit le poète Samuel Taylor Coleridge. Le travail sur le rêve est une imagination active qui s'engage dans un dialogue avec une image ou une figure issue d'un rêve. Je laisse l'image me mener où *elle* veut aller, si étrange que soit le voyage. Le héros se laisse porter par le flux des événements avec un sentiment de stupéfaction. La fin de la stupéfaction est la fin du voyage. Une expérience ou un changement complets ne peuvent survenir dans un état de rêve. Il y faut une élaboration consciente : le travail sur le rêve, l'imagination s'activant le jour sur les rêves de la nuit.

L'imagination active est comme l'alchimie, en ce sens qu'elle vise à transformer même les plus humbles éléments. Elle trouve un accommodement avec notre mauvaise situation, négociant ainsi une voie de sortie. L'imagination active n'est pas une simple technique pour observer l'inconscient. En elle, le moi s'affirme et aide notre inconscient à voir en quoi ses demandes correspondent ou non aux conditions de la réalité. Le dialogue nous aide à nous connecter aux figures de notre inconscient au lieu d'être possédés par elles, en admiration devant elles, ou effrayés par elles. Les images sont extrêmement réactives à l'honneur que leur fait notre contemplation. En leur prêtant attention, nous les dotons d'une voix. C'est ainsi que l'imagination active élargit et complète une image.

« Faites que la nuit s'articule au jour », dit Hamlet. Les rêves commencent notre travail et nous présentent le résultat. Le travail sur le rêve consiste alors à savoir le cueillir. Dante en fit l'expérience au cours des trois nuits et des trois jours qu'il passa au purgatoire. Chaque nuit, il eut un rêve qu'il prit le temps d'examiner le lendemain. Ses rêves faisaient partie du travail de purification qu'il avait entrepris. Nous sommes libérés et nous nous libérons nuit et jour de notre moi limité pour nous étendre dans la totalité où nous sommes déjà tout au fond de nous. L'imagination active est notre contribution de la journée qui répond à la contribution nocturne de la psyché dans les rêves. Cette entreprise est marquée du sceau d'une synchronicité optimiste.

Le soin et l'attention aux rêves

Considérez vos rêves à partir de ces trois perspectives :

Sur le plan intrapersonnel : voyez toutes les figures de votre rêve comme des parties de votre monde intérieur.
Sur le plan interpersonnel : votre rêve vous montre votre façon de vous relier aux autres.
Sur le plan transpersonnel : votre rêve vous parle de votre vie et de votre destinée spirituelle.

Amplifiez votre rêve à l'aide de ces différentes formes d'imagination active :

Videz votre esprit des pensées distrayantes de l'hémisphère gauche : « J'abandonne la pensée et l'analyse ordinaires. Je suis ouvert à la voix qui veut parler à travers moi. » « Vide » signifie aussi vide de peur et d'attachement, c'est-à-dire vide de moi.
Considérez l'image de votre rêve qui vous engage le plus, en remarquant la « sensation » qu'elle vous donne : en tenant cette image, qu'est-ce que je ressens, et où le ressens-je dans mon corps ? Auquel de vos sept chakras, ou centres d'énergie physique-spirituelle dans le corps, cette image semble-t-elle la plus familière ? La survie (la base de la colonne vertébrale), le sexe (les parties génitales), le pouvoir (le plexus solaire), le courage (le cœur), la libération de la parole (la gorge), la sagesse ou la puissance spirituelle (le sommet de la tête) ?
À l'aide de votre journal de rêves, dialoguez avec l'image et devenez l'image. Ajoutez la phrase : « Ceci est une part de moi-même » à une image, ou « ceci est ma vie (ou mon corps) » à une scène. Faites des associations jusqu'à pouvoir pousser un « ahh ! » de satisfaction d'avoir trouvé votre signification personnelle dans un rêve.

Choisissez neuf mots parmi tout ce que vous avez écrit pour créer un poème.

Demandez un don ou un message en remerciant pour ce qui peut advenir.

Formez une affirmation ou une aspiration énonçant le message central de votre rêve et utilisez-le tout au long de la journée.

Effectuez un rituel qui incarne le message, y compris des remerciements pour tout ce qu'il a signifié pour vous.

CHAPITRE VIII

Synchronicité et spiritualité

> « Plus nous devenons conscients de nous-mêmes grâce à la connaissance de soi et agissons en conséquence, plus la couche de l'inconscient personnel diminue. C'est ainsi que surgit une conscience qui n'est plus prisonnière de petits intérêts personnels. Cette conscience élargie […] est une fonction de notre relation au monde […] qui nous conduit à un attachement absolu et à une communion indissoluble avec l'univers. […] Il n'y a pas d'individuation sur l'Everest. »
>
> Carl Gustav JUNG

Le travail spirituel ne commence pas par l'action, mais par l'écoute attentive des messages de notre Soi intérieur par le biais de la synchronicité, des rêves et des intuitions. Nous comprenons à présent que notre Soi intérieur renvoie à une profondeur inconsciente en nous-mêmes, que nous partageons avec toute l'humanité et qui nourrit notre vie de dons spirituels quand nous y sommes ouverts. Dans ce monde spirituel, nous tombons sans cesse sur des fragments de nous-mêmes que nous avions écartés et qui demandent à être rattachés à notre psyché. C'est ainsi que les rencontres et les messages synchrones nous poussent en direction du tout.

La spiritualité est l'intersection de trois voies : l'abandon du moi, un Oui inconditionnel aux conditions de l'existence humaine et une compassion universelle. Ces voies s'ouvrent par un travail sur nous-mêmes – les étapes que nous franchissons – et par la grâce des forces adjuvantes autour de nous – les tournants qui surviennent d'eux-mêmes. Il se construit de la synchronicité dans cette combinaison d'efforts et de grâce. Les étapes pleines d'efforts nous conduisent à des tournants aisés. Nous travaillons diligemment sur nous-mêmes, et la transformation surgit de cet élan et en son sein.

Le travail sur nous-mêmes consiste à suivre les trois voies de la spiritualité dans une vie psychologiquement saine. Voici un résumé de ce travail :

Abandonner le moi : c'est nous délivrer des exigences du moi et du besoin de tout maîtriser. Cet abandon est un défi à une part de nous-mêmes qui veut à tout prix passer en premier et avoir raison. C'est un style de vie non violent qui renonce à la compétitivité et à la quête de soi en faveur de l'humilité et de l'égalité. Les bonnes personnes et les bons événements vont croiser notre route de façon synchrone pour faire advenir tout cela. Nous allons enfin être délivrés de notre moi boursouflé en rencontrant nos frères pélerins, qui nous aident à transformer notre moi névrotique en un moi sain.

Nous disons Oui inconditionnellement aux conditions et aux situations de notre existence : les choses changent et finissent, la souffrance fait partie de la croissance, les choses ne sont pas toujours prévisibles ou justes, etc. Nous acceptons ces données de la vie parce que nous les voyons comme des ingrédients nécessaires à notre évolution et à notre croissance. Le progrès spirituel ne veut pas dire que nous sommes toujours sereins ou heureux, mais que nous possédons une formule pour nous accommoder de toutes les situations : un Oui inconditionnel à ce qui se déploie. Ce Oui est notre façon de devenir nous-mêmes une synchronicité. Nous resituons ensuite notre histoire personnelle dans un cadre plus vaste. Quand nous nous réconcilions avec les conditions de notre existence, quand nous réconcilions les forces contraires dans notre psyché, et quand nous nous réconcilions avec les autres, nous voyons survenir beaucoup de stupéfiantes merveilles.

La compassion signifie agir avec amour et un cœur aimant envers ceux qui souffrent. Un éveil personnel apporte avec lui un zèle intérieur pour l'éveil des autres, issu d'un sentiment de solidarité avec tous les êtres et avec toute la nature – la synchronicité par excellence. *Tikkum olam*, en hébreu, signifie « réparation du monde ». Cet engagement est la preuve positive d'une authentique spiritualité, car il n'aboutit pas à un « se sentir bien » mais à un « bien faire ». Il ne s'agit pas seulement de la consolation de notre âme, mais de la consécration de notre cœur dans ce monde chargé de besoins.

Chaque douleur, chaque chagrin que je rencontre m'est une invite à pénétrer le désespoir de ceux qui ne parviennent pas à trouver « le mystérieux passage à travers les montagnes apparemment impénétrables » du taoïsme. La dislocation désespérée qui en résulte correspond au démembrement du héros/du rédempteur, qui est une métaphore du dépouillement du moi au service de l'humanité souffrante. Notre abandon du moi doit être pour nous la porte d'entrée dans la compassion.

La compassion n'est pas un idéal, mais un phénomène de conscience supérieure, la nouvelle fusion du moi-je avec le monde du Soi. Elle vise à réorganiser le moi autour d'un amour qui embrasse le tout. L'amour universel est la façon dont le moi devient spirituellement cohérent – de même qu'il devient psychologiquement cohérent en étant personnellement aimé et aimant. La compassion ne veut pas dire remarquer la douleur, ni même la comprendre dans l'empathie. L'empathie est la mise en miroir de la douleur des autres. La compassion *active* notre empathie : elle lui fait faire quelque chose. Pourtant, la véritable compassion est non délibérée et automatique. Elle est comme la lune, qui ne prend aucune décision particulière pour se refléter dans la mare. Elle laisse simplement ce reflet advenir, sans le prévoir ni le morceler.

Les dalaï-lamas sont considérés comme les incarnations d'Avalokiteshvara, le Bouddha de la compassion. Il est représenté avec de nombreuses têtes pour voir la souffrance de l'humanité dans toutes les directions. Il a un millier de bras pour tout atteindre, et un œil dans la paume de chaque main, car la compassion n'est pas aveugle. Il est une métaphore de la pulsion spontanée vers la compassion, issue du sage renoncement au sentiment d'une existence séparée, plutôt qu'interdépendante. Une fois libérés de l'illusion de la séparation, nous nous sentons responsables les uns des autres.

Nous remarquons dans le *Sutra du cœur* que c'est Avalokiteshvara, le bodhisattva de la compassion, qui présente la doctrine de la non dualité et du vide du moi, et non Sariputra, le bodhisattva de la connaissance intellectuelle. La sagesse du cœur éveillé (*bodhicitta*) pousse la personne illuminée à renoncer à la libération pour elle seule en faveur de la libération des autres. Tara, la Mère de tous les bouddhas et l'aspect féminin de la compassion, naquit d'une larme d'Avalokiteshvara. Elle fit le vœu de l'aider à nous libérer tous des entraves de la peur et de l'avidité. Bouddha lui-même, né de la compassion, vit pour la dispenser à l'ensemble de l'univers. C'est pourquoi le pratiquant dit : « Je trouve mon refuge en Bouddha. »

La compassion est un état d'esprit issu de la réalisation du vide, c'est-à-dire de l'absence d'une existence inhérente et autonome en chaque chose et en chaque personne. Nous sommes tous interdépendants en nous, entre nous et avec toute la nature. La conscience de cette unité profonde, primale et indestructible nous conduit à la révérence et au soin mutuels. C'est l'une des façons dont la sagesse de la non dualité nous lie à la compassion.

Quand nous avons perçu l'unité ultime de tous les êtres, une solidarité se tisse entre eux et nous. C'est ce qui donne la capacité à aimer sans peur. Cette absence de peur nous fait considérer chaque événement, chaque rencontre de notre vie comme survenant précisément au moment propice pour nous apprendre ce que nous avons besoin de savoir. Dans un monde aussi synchrone, rien ne peut aller mal, du moins pas pour longtemps. Cette confiance devient le fondement de l'absence de peur. Comment celle-ci survient-elle ? Un acte de compassion abat les murs qui nous séparent, révélant les touchantes similarités qui nous rendent soudain plus proches les uns des autres. L'amour inconditionnel, la sagesse immortelle et la puissance guérisseuse du Soi sont alors perçus non comme des vertus que nous aurions atteintes, mais comme des conséquences naturelles de la libération spirituelle. Désormais, la libération personnelle équivaut à la libération de tous les êtres, puisqu'il n'y a pas de moi séparé à cajoler.

La voie du bodhisattva est l'esprit altruiste de l'illumination, qui imprègne désormais spontanément toutes nos actions quotidiennes. L'illumination personnelle est devenue secondaire : elle est un moyen d'atteindre le but, qui est d'amener les autres à l'illumination, et non le contraire. Un bodhisattva voit la souffrance des autres et se promet dans le même instant de les en libérer. Il déploie autant d'efforts que s'il pouvait le faire tout seul. Par la suite, même les témoignages d'appréciation des autres sont reçus par lui dans leur propre intérêt.

Le message de Bouddha concerne le vide du moi et son incapacité à nous satisfaire. Dans la pratique tantrique du bouddhisme, ce refuge dans le moi n'est pas un signe d'échec. C'est notre façon de remarquer enfin l'existence de notre esprit, et de comprendre ce qu'il peut et ne peut pas nous offrir. Cette reconnaissance est le premier pas vers des pratiques qui vont nous aider à renoncer au moi. La compassion envers les autres est l'une de ces pratiques.

« Quelque jour, je suppose qu'il deviendra évident que les lois de la Torah sont faites pour conduire à un amour universel de l'humanité, disait l'historien juif du Ier siècle Josephus. Il savait que la pratique spirituelle et religieuse n'a qu'un seul objectif : accroître notre amour. En réalité, donner est le meilleur moyen de nous libérer des peurs et des attachements qui nous rendent si malheureux. En effet, l'amour est le seul objectif de la vie capable de satisfaire des êtres comme nous. Comment s'exprime-t-il ? De façons engagées et tangibles : nourrir les affamés, vêtir ceux qui sont nus, abriter les sans logis, répondre aux besoins humains. Il exprime également des sentiments : compassion pour les affligés, réconfort de ceux qui sont en deuil, oubli des offenses, réparation des injustices, etc. Il est en harmonie avec les « quatre moyens d'aider les autres » du bodhisattva : donner ce qui est nécessaire, parler avec douceur, consoler et guider, être un exemple d'amour actif.

Dans un sermon, Martin Luther King jr. évoquait les disciples qui avaient demandé à Jésus s'ils pouvaient s'asseoir à sa droite ou à sa gauche dans le nouveau royaume. Ils voyaient ce royaume comme un lieu du moi, et voulaient s'assurer qu'ils obtiendraient ce à quoi ils avaient droit. King rappela que ces places sont réservées aux gens qui nourrissent les affamés, qui vêtent ceux qui sont nus, etc. Voici un parfait résumé de la spiritualité : renoncer au moi et témoigner son amour de façon concrète.

Vers la fin de son sermon, Martin Luther King déclara : « De temps en temps, je pense à ma mort et je me demande comment on se souviendra de moi. J'espère que mon éloge funèbre ne mentionnera pas mon Prix Nobel de la paix, mon éducation ni mes autres prix [...] Je veux qu'on se souvienne de moi comme d'un homme qui a tenté d'aimer tout un chacun. Que l'on dise que Martin Luther King s'est efforcé de nourrir les affamés, de vêtir ceux qui sont nus, de visiter les prisonniers, d'aider les aveugles à voir et les sourds à entendre. [...] Je n'ai rien à vous laisser, ni richesses ni luxe. Je n'ai derrière moi qu'une vie d'engagement. Jésus, je ne veux pas être à ta droite ou à ta gauche à cause de la célébrité, mais à cause de l'amour. »

La spiritualité est une vie d'engagement. Elle nous offre l'espoir, la conviction que derrière le triomphe apparent du mal se tient l'ultime et durable victoire du bien. Notre espoir persiste non parce que les injustices ont pris fin, mais parce qu'elles ne sont pas définitives, puisque nous ne rendons pas le mal pour le mal, empêchant ainsi de le perpétuer. Elles ne sont pas définitives parce que nous continuons à transmettre l'amour réparateur et la réconciliation. Un poème japonais du XVIIe siècle dit : « Si vous gardez une pousse verte dans votre cœur, quelque jour un oiseau chanteur viendra vous rendre visite. » *Ce qui me permet de le croire est la bonne action que j'ai faite aujourd'hui pour une personne dans le besoin.*

Le mot *nemesis* désigne en anglais actuel une source de ruine ou sa propre chute. Dans la Grèce antique, Némésis était révérée comme la déesse/la personnification de la justice rétributive. Son second nom est Adrastée, qui signifie « celle à qui l'on ne peut pas échapper ». Chez Homère, son nom signifie « décréter ». Quand Tyché, déesse de la lune et des bonnes fortunes, favorisait quelqu'un, Némésis, déesse de la ruine, intervenait pour l'abaisser s'il se vantait avec arrogance, ne donnait rien de sa fortune aux pauvres, ou refusait de sacrifier aux dieux, c'est-à-dire déniait l'élément de grâce dans sa fortune. C'est une façon d'affirmer que le toucher de la grâce est historiquement associé à l'abandon du moi, à la reconnaissance de la grâce, et à l'instinct de générosité et de compassion.

Remarquez aussi comment les trois critères que recherche Némésis sont précisément les principes fondamentaux de la spiritualité : transcendance du moi, appréciation de la grâce et compassion envers les autres. À travers les âges, dans chaque tradition spirituelle, nous retrouvons ce même trio. Les bouddhistes affirment que quand les bodhisattvas et les saints nous aperçoivent en train d'aimer de cette façon – même si nous le faisons en secret – ils accourent à notre côté pour nous aider et nous encourager. La métaphore de l'ange gardien désigne la force de la grâce adjuvante. L'amour attire la grâce ; le moi la repousse.

Aimer, c'est entrer dans la synchronicité de la grâce. L'amour manifeste la plus frappante des coïncidences : deux cœurs, ou tous les cœurs, s'accordent dans une rencontre et un enveloppement réciproques. Chacun offre la tendresse que l'autre avait précisément cherchée toute sa vie, ou attendait de trouver à nouveau.

L'amour est l'unique pont que peuvent jeter les cœurs au-dessus du vide béant que peut créer l'esprit.

L'amour est le feu qui peut faire fondre le moi en un instant.

L'amour pardonne chaque offense avec le type même de guérison qui rend peu probables de nouvelles offenses.

L'amour atteint au-delà du « Toi et Moi », touchant tous les êtres humains dans une compassion et un soin inconditionnels.

L'amour lâche prise, sans jamais perdre ce qu'il a tenu autrefois.

L'amour persiste, ne finissant jamais ce qu'il a commencé.

L'amour reste ferme, n'abandonnant jamais ce à quoi il s'est engagé.

L'amour est la rencontre de la fermeture et de l'ouverture, du pétrissement et de la levée, de la faim et du banquet, de l'immobilité et de la danse, de la vie et de la mort.

Dans l'amour, il n'y a ni tien ni mien, seulement le Oui de chacun à la grâce de l'ouverture.

« J'ai ouvert pour toi une porte que nul ne peut refermer. »

Révélation 3.8

Rendre l'amour concret

1. Avant toute activité de votre vie quotidienne, formez l'intention altruiste d'apporter l'illumination à d'autres à travers ce que vous vous apprêtez à faire. Cette pratique de la douceur aimante situe vos activités dans le cadre de la compassion généreuse. Une fois l'activité terminée, dédiez-la au bien-être des gens et de la nature, et à l'accroissement de l'amour dans le monde.

2. Les aspirations peuvent aussi évoquer l'amour. Répétez-les jusqu'à ce que votre amour devienne spontané, universel et continu :

Puissé-je m'engager de plus en plus au service de l'amour.
Puissé-je avoir pour objectif dans ma vie d'offrir la contribution de toutes mes actions au flux de l'amour universel.
Puissé-je œuvrer à l'harmonie et à la réconciliation de tous les êtres.
Puissé-je me consacrer à la non-violence en face de tout conflit.
Puissé-je être touché par la douleur que je vois dans le monde, et y réagir par l'amour.
Pratiquez cet amour avec des personnes spécifiques et avec le monde en général. Étendez notamment votre amour aux gens avec qui vous avez un lien karmique, car ce sont eux qui en ont le plus besoin.

3. Faites de petites faveurs chaque jour à vos amis, puis aux étrangers, sans attirer l'attention sur elles. Bouddha lui-même disait : « Quand votre voie reste secrète même aux dieux, aux anges ou aux humains, vous agissez comme un prêtre. » Si cette pratique commence à vous inspirer un sentiment d'obligation ou de compulsion, arrêtez. Recommencez quand vous pouvez à nouveau le faire par choix et avec générosité. Nous avons coutume de nous méprendre sur nos capacités d'amour. Elles sont infiniment plus vastes que nous n'avons jamais osé l'imaginer. De petits actes d'amour sont le meilleur accès à un trésor surabondant.

4. Une façon efficace d'amener la méditation dans l'action est d'appliquer cette résolution : « Pour chaque grâce que je demande, je demande la même pour les

autres. Pour chaque grâce que je reçois, je donne quelque chose de moi aux autres en guise de remerciement. » C'est là un exemple de douceur aimante dans notre vie spirituelle. Une transformation est survenue quand j'ai dépassé l'objectif de gérer correctement les choses, c'est-à-dire de m'aider moi-même. Je travaille maintenant à un enjeu plus élevé : celui de guérir le monde. Une équation s'est établie entre mon travail sur moi-même et mon engagement envers mes frères humains.

5. Essayez l'une de ces pratiques une fois par jour, d'une façon simple : démontrez votre amour pour des gens précis d'une façon concrète. Trouvez une association qui vous aide à nourrir les affamés, à vêtir ceux qui sont nus, à abriter les sans logis, ou à soigner les malades. Répondez par un sentiment aux besoins émotionnels des personnes de votre vie : compassion pour les affligés, réconfort des endeuillés, pardon des offenses.

6. Le Sermon sur la montagne (Mathieu, 5-7), fondé sur des enseignements rabbiniques, est devenu la recette chrétienne pour démanteler le moi arrogant et centré sur soi. Il propose des techniques non violentes pour montrer de l'amour. Lisez-le, et imaginez ce que serait votre vie si vous le suiviez à la lettre. Prenez pour exemple un conflit actuel dans votre vie et appliquez les recommandations de Jésus. Notez vos sensations. Que vous arrive-t-il quand vous ne vous souciez plus de l'emporter, d'avoir raison, de vous venger ? Ne découvrez-vous pas dans votre Soi intérieur une région jusque-là inexplorée ? *Le Sermon sur la montagne peut être notre portrait dans nos meilleurs moments : ce à quoi nous ressemblerions si nous n'avions pas peur de l'amour.*

7. Le mot grec pour « péché » est *hamartia*, qui signifie littéralement « manquer sa cible ». Notre cible collective humaine est l'amour, la sagesse et la guérison. Nous en faisons preuve chacun à notre façon. Le péché est le choix délibéré de ne pas utiliser ces trois pouvoirs. Il est tout acte qui va à l'encontre de notre instinct spirituel en faveur du tout et nous fait ainsi manquer la cible de la destinée collective et individuelle. Faites une liste des façons dont vous avez blessé, trahi ou abandonné vous-même ou les autres, par les choix que vous avez faits ou les habitudes que vous avez maintenues. Cherchez la compassion pour vous-même, pas le blâme. Cherchez la compassion pour les autres, pas le mépris. Faites amende honorable auprès de vous et des autres en reconnaissant vos torts, en demandant pardon pour les pertes et/ou la douleur que vous avez causées, et en prenant la résolution de changer de vie sans retomber dans vos anciennes erreurs. En vous voyant plein de contrition et résolu à changer, l'autre peut être désarmé et se sentir libre de vous pardonner, c'est-à-dire d'abandonner le blâme ou la haine à votre égard.

Voici un modèle pour vous aider à établir votre liste :

En quoi ai-je été une force d'affliction dans la vie des autres ? Je peux avoir été offensant par les mots que j'ai dits ou négligé de dire, par les actes que j'ai accomplis ou négligé d'accomplir.

Quels choix délibérés ai-je fait qui ont été abusifs, blessants ou ont provoqué une perte ?

Quels accords ai-je brisés ?

En quoi ai-je agi (ou manqué à agir) poussé par la peur, perdant ainsi accès à mon courage ?

En quoi ai-je agi avec un moi arrogant ou sûr de ses droits ?

Appliquez ce modèle à vous-même : en quoi vous êtes-vous blessé ou avez-vous laissé les autres vous blesser ?
Quelle est la meilleure chance qu'a l'amour de fonctionner dans votre vie à partir de maintenant ?

Inversez à présent chaque item de votre liste : en quoi ai-je été une force adjuvante dans la vie des autres ?

Comment rester et voir

« Reste bien campé ici
Et sois silencieux…
Là, au bout du petit champ, arrête-toi… »

W.H. AUDEN, *On this Island*

Nous allons rassembler ici certaines des idées les plus marquantes de ce livre et montrer ce qu'elles peuvent faire pour nous.

Nous avons conscience de nos besoins psychologiques : attention, acceptation, affection, appréciation et autorisation. Certains de nos besoins spirituels sont devenus évidents au cours de ces pages : s'ouvrir aux intuitions et aux synchronicités qui nous indiquent ou nous confirment notre voie, faire des expériences initiatiques qui peuvent nous conduire à abandonner le moi, à trouver la sagesse et à montrer de la compassion.

De même que la satisfaction des besoins psychologiques aboutit à un sentiment cohérent d'identité, la satisfaction des besoins spirituels aboutit à un sentiment du tout plein de reconnaissance. L'identité est une chose à laquelle nous travaillons ; le tout est ce que nous sommes toujours déjà. Les besoins spirituels conduisent à la réalisation et à la manifestation du tout, non à sa création. Le travail psychologique requiert des efforts et de la volonté. La pratique spirituelle emprunte la réactivité à la grâce (les forces qui nous assistent pour transcender notre volonté et nos pouvoirs intellectuels limités) et la volonté de prononcer le Oui inconditionnel à ce qui est.

Le travail psychologique commence par la reconnaissance du problème que nous affrontons. Nous pouvons alors l'aborder, le traiter et le résoudre. Quelle est la façon spirituelle de gérer ce qui surgit dans notre vie ? Je peux commencer par chercher une toile de fond au sens pictural du terme. Dans la Joconde, la femme est le personnage, placé devant un paysage avec sa rivière qui constitue l'arrière-plan. Tant que je me concentre sur le personnage, j'oublie l'arrière-plan. Une question ou un conflit que je dois affronter dans la vie est le personnage. Quel en est l'arrière-plan ? Ce doit être une chose qui est passée inaperçue, peut-être invisible.

Derrière les apparences se tient une réalité invisible aux yeux. Wordsworth l'appelle le soudain « éclair du mystère du monde invisible ». La totalité d'une réalité est le personnage *et* la toile de fond. Le tout est donc ce qui nous échappe quand nous regardons de l'étroite façon qui est la nôtre. Nous sommes plus aveugles encore quand une personne ou un objet quelconques nous obsèdent. Tel est le véritable danger de la peur et de l'avidité.

Rester, c'est rester avec ce qui est, prêts à nous accorder à son rythme au lieu de lui imposer le nôtre. Rester de cette façon signifie rester sans contrôler, ni désirer, ni craindre, ni attendre ni juger. *Voir*, c'est nous libérer de l'obsession de notre triste situation, c'est pénétrer l'espace derrière les apparences, c'est voir la toile de fond derrière le personnage. *Rester et voir*, c'est la synchronicité de la pleine conscience, parce que nous sommes alignés sur la réalité sans les écrans classiques du moi pour nous faire obstacle.

Je ne vois pas le tableau complet quand je suis concentré sur une chose unique, quand je suis pris dans un drame fascinant ou dans une interprétation rigide de celui-ci. Comment puis-je entrer en contact avec l'arrière-plan, avec la perspective plus vaste ? Il me faut davantage qu'une attention concentrée pour tout voir. Il me faut une attention diffuse, la concentration et la présence qui caractérisent la pleine conscience.

Le terme sanscrit pour la pleine conscience vient en fait de deux mots signifiant « assister » et « rester ». S'asseoir simplement dans l'espace entourant notre réalité, c'est de la pleine conscience en soi. C'est méditer sur notre moment présent, au lieu de chercher à le contrôler.

Une approche spirituelle de nos conflits commence par un *moment de repos* pour sortir du drame, pour nous libérer de son emprise. Au lieu de nous obséder sur le conflit, nous faisons une pause, laissant le drame disparaître hors de notre vue pour nous concentrer sur l'espace qui l'entoure. C'est la pause dont nous avons parlé tout au long de ce livre. C'est la pause en musique, que l'on n'entend pas mais qui a un rôle essentiel dans la mélodie.

Tant que je suis empêtré dans des histoires dramatiques de peur ou de désir, je suis incapable d'entendre les rythmes spirituels de ma vie. La pleine conscience m'ouvre au contexte plus vaste de mon histoire, au-delà de son contenu. Le contenu est psychologique (personnage) ; le contexte est spirituel (arrière-plan). Il me faudra toujours travailler dans les deux domaines si je ne veux pas passer à côté de « l'objet aux multiples splendeurs », comme l'appelle le poète Francis Thompson.

Voici d'autres exemples de ces deux perspectives.

Chaque crise psychologique est la perte d'une chose à laquelle nous nous accrochions. Autour et au sein de cette perte se tient sa toile de fond, son espace. Cet

Personnage	*Arrière-plan*
Moi	Soi
Persona	Ombre
Faux self	Soi véritable
Pensée	Imagination
Logique	Intuition
Mots	Silence
Cause/effet	Synchronicité
Peur	Excitation
Désir	Plénitude
Transitions	Voyage héroïque
Travail psychologique	Pratiques spirituelles
Tenir	Lâcher prise
« Je »	Univers

espace est le pouvoir de lâcher prise. En fait, ce qui peut être perdu devait être abandonné de toute façon. Ce qui est réel ne peut jamais être perdu : l'amour inconditionnel, la sagesse, le pouvoir d'accomplir notre travail sur nous-mêmes et d'apporter la guérison dans le monde. Seuls les biens du moi peuvent être perdus, pas les pouvoirs du Soi. La pratique spirituelle étant requise pour l'abandon de l'avidité du moi, la spiritualité est le fond de notre travail psychologique. C'est ainsi que nous percevons l'intégration de la psychologie et de la spiritualité. Cela explique aussi pourquoi la spiritualité, loin d'être désincarnée de notre histoire, est sa dimension la plus pleine.

L'espace, ou la toile de fond, fait de quelque chose plus qu'il ne semblait être, moins limité que je ne le craignais. Je suis davantage que l'œil ne peut le voir, et il en va ainsi pour tout. Moi et toute chose sommes donc un tout : le personnage et l'arrière-plan, le visible et l'invisible, le psychologique et le spirituel. C'est une autre façon de rendre compte de l'unité de tous les êtres, tous également issus du sol immortel, pur et ouvert de l'existence, du vide au-dessus duquel l'Esprit tournoyait le jour de la Création.

Dans le Zen, cet espace est aussi appelé *shunyata*. Le moi frénétique peut le redouter comme un vide stérile ou un trou noir. En fait, c'est un vide fécond qui nous ouvre aux dimensions plus vastes de toute réalité. Ce vide spacieux est le terrain qui sous-tend la totalité, une ouverture sans limites. Il nous offre finalement ce que rien d'autre ne peut nous offrir : de la place pour bouger. Est-ce cela que nous redoutons au final, de l'espace où nous mouvoir ? Est-ce pour cela que nous gardons le ciel fermé jusqu'après la mort ? « J'ai vu le ciel ouvert », dit la Révélation 19.11. *Oserons-nous y jeter un regard dès maintenant ?* Ce ciel est l'espace dans nos cœurs qui laisse passer l'amour et « fait d'une petite chambre un grand partout », dit John Donne.

L'espace apparaît entre deux plans. Une pause survient entre deux actions. La spiritualité celtique est fascinée par le domaine sacré de *l'entre-deux* : ce lieu ou ce moment où le voile entre les mondes physique et spirituel est si ténu que nous le traversons aisément. L'espace que nous étions en train de contempler est l'entre-deux. C'est le seuil, comme la plage est un seuil entre la terre et l'océan, ou comme l'adolescence est un seuil entre l'enfance et l'âge adulte. Ce monde mystérieux de l'entre-deux a été présent dans chaque chapitre de ce livre : l'âme est entre le moi et le Soi ; la synchronicité survient entre la cause et le hasard ; le reflet apparaît entre le Je et le Tu ; le travail du rêve s'effectue entre conscient et inconscient ; la poésie jaillit entre les mots de la prose et la communication sans paroles ; la destinée s'ouvre entre l'effort et la grâce ; l'amour prospère entre l'abandon et la poursuite. Ce même entre-deux se retrouve dans la fonction transcendante de la psyché qui fait apparaître le tiers guérisseur quand nous tenons les deux contraires. Par la synchronicité, chaque moment se tient sur le seuil entre le temps et l'éternité – et nous laisse nous tenir là, nous aussi. En fait, puisque chaque moment offre la possibilité de l'éveil, chaque moment est synchronicité.

« C'est par coïncidence que j'ai découvert l'esprit de l'illumination en moi. »

SHANTIDEVA

Travailler dans l'espace

1. Le roi Bimbisara donna au Bouddha une bambouseraie près de Rajagriha pour lui servir de retraite. Imaginez-la à votre goût et partez là-bas maintenant dans votre cœur. Le cœur humain est cette bambouseraie, la spacieuse retraite où vous pouvez faire une pause et rester silencieux et invisible un moment, et d'où vous émergez pour être articulé et éminemment visible quand le temps est venu.

2. Comment travaillons-nous dans cet arrière-plan de notre histoire ? La première voie et la plus puissante est la pleine conscience, une technique que nous pouvons utiliser au quotidien. Voici un autre exercice :

Écrivez une phrase, à l'aide d'un des modèles ci-dessous, sur votre crise personnelle actuelle. Commencez par les mots *Soit… soit*, *Si…. alors*, ou *Puisque… je.* Voici des exemples de phrases : Soit je garde le contrôle, soit tout s'effondre. Soit je reste avec toi en étant malheureux, soit je te quitte sans le désirer vraiment. S'ils savaient, je perdrais mon travail (ou ma réputation, etc.). Puisque tu m'as quitté, j'entends bien te punir.

Soit je garde le contrôle	,	*soit tout s'effondre*	.

Encadrez chaque proposition, en laissant la virgule au milieu. Étudiez votre phrase en considérant ses cadres, et l'espace entre eux et autour d'eux. Les cadres sont le personnage et l'espace est la toile de fond. Voyez si votre œil peut inverser le personnage et le fond pendant quelques secondes, de sorte que l'espace devienne quelque chose. Fixez la virgule. Une virgule dans le discours représente une pause. Une pause est à l'oreille ce que l'espace est à l'œil. Cette virgule a créé un espace. « Entrez ici » (au sens littéral) et faites une pause maintenant. Ayez pendant ce temps une respiration égale, en prêtant attention à chaque inspiration et expiration, et au petit espace entre chaque respiration.

Autorisez-vous à être avec votre affirmation tout en mettant en mode pause tous vos jugements, vos peurs, vos désirs, vos attachements aux résultats, etc. Expérimentez votre affirmation avec clarté et une pure conscience, sans couches de drame autour d'elle, seulement de l'espace. Restez simplement dans l'espace en surveillant votre souffle. Cette dernière partie peut vous prendre le reste de la journée – ou de votre vie. Et peut-il y avoir une meilleure façon de la passer ?

Remarquez le contenu de la phrase. Percevez-vous en elle une sensation de nécessité ? La seconde partie vous semble-t-elle fatalement découler de la première ? C'est le dualisme. Il fait de la phrase une sentence, comme celle d'un juge. Qui est ce juge ? N'essayez pas d'intégrer ou de combiner les clauses de votre affirmation.

Trouvez plutôt une alternative qui ne cède pas à un côté ou l'autre du dilemme. Vous allez vous apercevoir que c'est impossible. Vous restez sans voix, ce qui est la réaction typique de l'hémisphère gauche à l'espace spirituel.

Être sans voix nous donne le sentiment d'être impuissants, aussi nous redoutons l'espace. Nous redoutons la faille qui s'est ouverte dans nos catégories logiques jusque-là si fiables. Nous redoutons l'espace qui sape la logique et sous-tend toute réalité – « le domaine au-delà du bien et du mal » de Rumi, « le ciel ouvert » de la Révélation, le « mystérieux passage » du taoïsme. Si nous demeurons simplement dans l'attention, tout cela va céder et se modifier. La faille devient ouverture. La *pause* restaure. N'essayez pas de vous la représenter. Contentez-vous de respirer, en renonçant au besoin de tout savoir, et en prêtant attention à l'espace.

Voici ce que sont devenues les phrases d'origine après ce traitement :

« Soit je garde le contrôle… » est devenu : « Je laisse les dés retomber où ils veulent. » Je ne suis pas prisonnier du désir de garder la maîtrise ou d'être la victime du chaos. Je me suis laissé tomber dans l'espace, j'ai chuté dans la faille, et j'ai trouvé là une façon de vivre qui me libère du dilemme tout en restant responsable et réaliste. (Quand j'ai fait moi-même cet exercice, je me suis mis à rire en découvrant la phrase des « dés ». L'humour est le soutien de toutes nos mauvaises postures, la comédie est le soutien de la tragédie.)

« Soit je reste avec toi sans être heureux… » devient : « Nous travaillons ensemble à changer les choses. » « Si l'on découvre… » devient : « Je vais raconter les choses moi-même, avec fierté ou avec le désir de faire amende honorable et de tourner la page. » C'est ainsi que je suis libéré de la honte, qui est le contraire de la relation en miroir ; désormais, je suis capable de me refléter moi-même. « Puisque tu m'as quitté… » devient : « J'abandonne le besoin de te punir. Je fais le deuil de ton départ et je continue ma vie. » Je suis libéré de la vengeance et ouvert à la compassion.

Ces nouvelles phrases ont toujours été là dans les phrases originales, dans l'espace de la virgule-pause. Chacune d'elle confère un pouvoir. Chaque nouvelle version nous montre ce qu'était notre situation avant que notre moi ne s'empare d'elle. La bonne sorcière dit à Dorothy : « Tu as eu le pouvoir tout du long ! Fais simplement claquer tes talons. » Son pouvoir était le sol sous ses pieds ; le pouvoir était présent sous son illusion d'être impuissante.

Que s'est-il réellement passé dans ce mouvement de notre histoire personnelle qui nous a fait passer de la figure au sol ? Nous avons dépouillé notre moi de ses couches de jugements, de ses peurs, de ses désirs et de ses attachements, et nous sommes entrés dans l'état de pleine conscience où le savoir du moi est non nécessaire ou non pertinent. Nous ne savions pas comment régler les choses, aussi nous avons choisi d'en savoir encore moins ! Il y a un poème de saint Jean de la Croix qui commence par ce même paradoxe : « Je suis entré sans savoir où et je suis resté là sans rien savoir : il ne restait rien à connaître… » Nous avons fait ce que Rembrandt fit un jour dans le moulin de son père : voir un espace dans un reflet de lumière, mais le voir comme une forme. Cela évoque la compréhension bouddhiste que « la forme est le vide, et le vide est forme ». Quand cela nous est arrivé ne serait-ce qu'une fois, il n'y a pas de retour possible à la prison de nos drames et à nos réactions habituelles à ceux-ci. Il y a de l'espace et une spacieuse perspective.

Entrer en contact avec cet espace de l'âme qui n'est pas rempli de drame, c'est s'occuper du titre et pas de l'éditorial. Quand nous abandonnons notre attachement au résultat, un écart s'ouvre dans le cycle de peur et d'avidité du moi, et il s'ensuit une reddition. « J'observe ma vie comme un témoin silencieux et juste qui ressent profondément tous les sentiments, mais n'est submergé par aucun. » En général, l'histoire est la figure ; le silence est le sol. Dans la pleine conscience, ils sont inversés. Notre âme silencieuse devient le point de concentration, l'ouverture à claire-voie par où nous regardons passer les bêtes sauvages, mais sans intention de les capturer, avec la seule satisfaction de les voir avec plaisir et équanimité.

Nous aurons encore une histoire, mais pas de celles que nous devons raconter. Nous aurons encore des peurs, mais pas de celles qui nous arrêtent. Nous aurons encore des désirs, mais pas de ceux qui nous aveuglent. En fait, dit Teilhard de Chardin, nous aurons « des yeux toujours plus parfaits dans un monde où il y a toujours plus à voir ». Notre capacité spirituelle ne sera peut-être jamais assez grande pour accommoder toute la lumière qui brille sur nous – pas plus que notre capacité à exulter dans nos enfants n'a duré assez longtemps pour contenir toute la joie dont ils nous ont inondés.

Nous apprenons à tenir la tension des contraires. Nous éprouvons un sentiment d'équanimité en nous arrêtant assez longtemps pour les tenir comme des « et… à la fois », plutôt que des « soit… soit ». En voici un exemple mythique : un vase décoré découvert en Sicile dont parle Robert Graves dans *Les Mythes grecs*. Le dessin du vase montre le héros Thésée, vêtu en roi annuel, les bras tendus. Dans sa main gauche, Pasiphaé, épouse du sombre minotaure, place une pomme. Dans sa main droite, Ariane, qui l'avait guidé hors du dangereux labyrinthe, place le don d'un œuf. Un roi annuel est une figure de l'Antiquité qui ne régnait que le temps des quatre saisons. Les pommes apparaissent en automne et sont donc associées aux fins à venir et à la mort, un thème qui reviendra plus tard dans notre mythe judéo-chrétien d'Adam et Ève. Le roi sortant recevait une pomme pour signifier la fin de son règne. Le nouveau roi recevait un œuf, symbole de la vie nouvelle. Le fait que Thésée reçoive les deux à la fois est une façon frappante de dire que nous sommes toujours au milieu des fins et des commencements, et que nous sommes assez héroïques pour affronter cette situation.

Comme le roi mythique, nous pouvons prononcer un double Oui à ce qui commence et à ce qui doit finir. Confrontés aux dilemmes, aux contradictions et à la confusion, nous pouvons utiliser cette pratique simple : écarter les bras et nous imaginer que nous tenons les deux réalités qui nous font face. Nous tenons chaque jour la pomme et l'œuf d'une manière ou d'une autre. Nous sommes toujours en train de laisser partir quelque chose ou quelqu'un et de retenir autre chose ou quelqu'un d'autre. Le défi consiste à dire Oui inconditionnellement aux deux. Telle est la combinaison des contraires qui rend possible l'équanimité.

Par exemple, nous voulons à la fois mieux nous affirmer tout en gardant de l'humilité. Nous figurons ces possibilités en plaçant les mains en coupe, les paumes vers le haut, et en remarquant qu'elles pèsent la même chose – c'est-à-dire rien. Nous pouvons sans peine porter les deux. Quand nous avons affirmé cela, nous remarquons que notre comportement change peu à peu. Quand des énergies disparates sont tenues sur ce mode inclusif, elles génèrent une acceptation et une sagesse dans le discernement.

Ce Oui d'acceptation à un « et… et » est un autre exemple de la doctrine du non agir, ou *wu wei*, dans le taoïsme. Cela implique que tout ce qui arrive arrive précisément comme il le doit. Il n'est pas besoin de prendre le contrôle des autres ou de manipuler les événements. Le *wu wei* est ainsi l'affirmation d'un inévitable accomplissement. Je laisse simplement aller, je dis Oui à ce qui est, et j'autorise ce qui veut arriver. Tels sont les comportements d'un individu content de la réalité et satisfait par elle.

Prêts pour la naissance

> « L'homme ne se change pas à sa mort en sa partie immortelle, mais il est mortel et immortel même dans la vie, étant à la fois le moi et le Soi. »
>
> Carl Gustav JUNG

La synchronicité est la pierre de touche de l'arche de l'intégration psychologique et spirituelle. C'est à nous de la voir et d'être ce qu'elle est. Nous sommes plus aptes à voir la synchronicité quand nous dépassons les limites de notre esprit linéaire et de notre moi avide. Nous sommes la synchronicité quand nous disons Oui au monde qui s'ouvre au-delà du moi. La grâce anime et enrichit nos efforts pour démanteler la peur et l'avidité de notre moi narcissique afin que nous puissions dire un Oui inconditionnel aux conditions de l'existence humaine, elle manifeste un amour universel aux êtres humains partout dans le monde, et elle vit partout dans une respectueuse harmonie avec la nature. Nous autres êtres humains sommes taraudés par le désir de dépasser nos limites. Notre capacité à la transcendance nous permet de nous ouvrir à la grâce. C'est un petit pas vers la conscience d'un Pouvoir plus haut que notre propre moi. La synchronicité manifeste son Pouvoir comme un missionnaire proclamant la voie divine à un monde ignorant mais plein d'aspirations.

« L'initiation est une mort à quelque chose qui est prêt à être dépassé. […] L'initiation, c'est passer au moyen d'une mort symbolique et d'une résurrection de l'ignorance et de l'immaturité vers l'âge spirituel adulte », écrivait Mircea Eliade. L'initiation spirituelle adopte le même symbolisme, comme on le voit dans la folie et le chaos, c'est-à-dire dans la dissolution de l'ordre. C'est là une métaphore de la dissolution du moi profane, le moi sans Soi. Le symbole eschatologique en est « la fin du monde ». L'après-vie, dans ce contexte, peut signifier qu'il existe une continuité dans la conscience du Soi dans toute l'humanité. Aucune promesse de ce type n'est faite au moi avide.

La synchronicité entre en jeu quand un nouveau monde/une nouvelle personnalité est prêt(e) à naître au moment précis où nous subissons une mort initiatrice. Les douloureux rites initiatiques sont des étapes de la mort et de la renaissance mystiques, qui chargent le voyageur psychique d'une nouvelle sensibilité aux autres. Cette sensibilité signifie aussi une capacité à intégrer et à transformer la douleur en un tout unique. Par cette sensibilité, le spirituel se manifeste de façon synchrone. Alors, écrit Mircea Eliade, « nous naissons à une existence qui, si elle est vécue selon toutes les apparences dans ce monde qui est le nôtre, a son cadre dans d'autres dimensions existentielles ».

Il y a donc quelque chose dans l'histoire de notre vie qui ne dépend pas des efforts de notre moi. Une chose semble nous faire signe par-delà ce que nos esprits produisent ou même désirent. Le paradoxe du voyage du héros est la synchronicité ultime ; on trouve quand on ne cherche plus. Le samouraï plein de confiance ne se sent plus poussé au combat ; il est heureux de rester assis, témoin amusé de la façon dont la réalité va se manifester : « Quand je cesse de tout maîtriser et de chercher, je trouve les possibilités infinies que contient l'ici et maintenant. J'atterris dans une réalité immensément ouverte. J'avance à travers elle vers ce qui vient ensuite. Ici et maintenant est la seule réalité qui nous soit disponible sans la chercher. La quête est ce qui me détourne d'elle. Le désir m'aveugle à la joyeuse alouette appelée *Maintenant* dont le chant me parle d'*Ici*. Quand le désir pour autre chose disparaît, de même la division. » La synchronicité est connexion, et donc un symbole spirituel de cette liberté vis-à-vis de la séparation.

Un symbole de l'hindouisme est le jars, qui représente la libération et la spiritualité. Il nage dans et hors de l'eau, mais il n'en est pas dépendant comme un poisson. Il vole entre ciel et terre et ainsi les réunit. C'est une métaphore de notre capacité à être libéré de notre esclavage des événements de la vie quotidienne. Le jars, en sanskrit, se dit *hamsa*. *Ham* signifie « je » et *sa* signifie « cela » ; donc, « je suis cela ». *Hamsa* est aussi un son yogique – *ham* en exhalant, *sa* en inhalant. Ainsi, le jars intérieur chante son nom à chacune de nos respirations : « Je ne dois pas être confondu avec la personne mortelle qui porte mon nom et accepte comme réelle la séparation de tous les êtres, la division des contraires et la perception linéaire du temps. Cet individu est sous le charme d'incessantes projections et habitudes mentales. Je suis le souffle, l'espace, le tout qui n'est plus maintenant que cela. »

« Mon essence apporte l'univers et je demeure dans le cycle du temps qui le dissout. »

Le Mythe de Markandeya,
tiré des Mariya Purana

Affirmer et dédier

Demandez-vous comment le fait de trouver et de lire ce livre a été pour vous un exemple de synchronicité.

Écrivez là-dessus dans votre journal et parlez-en à une ou plusieurs personnes, verbalement ou par écrit.

Considérez les sections de ce livre dont vous avez pris note ou que vous avez soulignées. Lisez-les sur une cassette et écoutez-la une fois par jour autant de jours que nécessaire. Faites de même avec les citations éparses dans le texte.

Dédiez le travail que vous avez accompli au bien-être du monde, offrant tout votre amour le plus vivant, votre nouveau savoir et vos pouvoirs de guérison au trésor de sagesse où tous les autres voyageurs peuvent venir puiser. Nous ne cessons de réinvestir nos grâces et nos progrès dans le vaste trésor de l'évolution humaine : « Quand je réussis, je partage. » Décidez et déclarez que chaque fois que vous réussissez une avancée en amour ou en sagesse, vous l'étendez à tous vos frères humains, pour qu'ils puissent progresser en suivant les mêmes voies. « Chaque fois et partout où je grandis, je fais grandir. »

Quand vous vous sentez vraiment heureux, n'oubliez pas de dire : « Puissent tous les êtres vivants éprouver ce bonheur avec moi. » Cette pratique de douceur aimante engendre une vision du bonheur comme un don que vous avez reçu pour le propager à votre tout. Le bonheur n'est pas alors une possession personnelle, mais un lien avec toute l'humanité. Quand vous êtes triste ou découragé, rappelez-vous que beaucoup d'autres gens dans le monde éprouvent en ce moment la même chose que vous. Joignez-vous à eux : « Puissent tous ceux qui éprouvent ce que j'éprouve trouver un moyen d'en sortir. Puissent-ils être aidés par mon travail sur moi. Puissé-je être aidé par le leur. »

Voici d'autres déclarations qui peuvent également convenir :

Je suis reconnaissant du travail que j'ai accompli et des grâces que j'ai reçues dans la lecture et le travail sur ce livre.

Je reconnais et j'apprécie les synchronicités dans ma vie quotidienne.

Je reconnais une signification dans chaque chaos.

Je reconnais un monde au-delà de mes sens, une vérité au-delà de mon intellect, une sagesse au-delà de la logique, une puissance au-delà de mes limites, un dessein serein qui demeure malgré toute détresse.

Je remercie pour les grâces qui me conduisent au-delà de mes limites.

Je cherche une communauté avec d'autres sur mon chemin.

Je dis Oui inconditionnellement à ce qui est.

Je m'ouvre à chaque transformation qui est prête à survenir en moi et à travers moi.

Je déclare mon corps un canal de spiritualité ; je célèbre mes pouvoirs et mes passions.

J'abandonne le besoin de certitude ; je suis à l'aise dans l'ambiguïté.

J'abandonne la peur et l'obligation, et je vis par amour et par choix.

Je ne cesse de trouver une source intérieure de force et de réconfort en moi et au-delà de moi.

Je dispense la compassion et l'amour partout où je vais.

Je me joins aux autres pour arrêter la guerre et l'injustice de mon vivant.

Je ne cesse de trouver de nouveaux compagnons dans mon voyage vers l'amour, la sagesse et la guérison.

Je rédime la terre et j'inclus toute l'humanité dans mon cœur.

Je regarde en arrière pour considérer ma vie et tout ce qui m'est arrivé. Je me rappelle les gens que j'ai connus et tout ce qu'ils ont fait avec moi ou pour moi, et tout ce que j'ai fait avec eux ou pour eux. Je commence par mes parents et je termine par la dernière personne que j'ai rencontrée. Je vois en quoi tout cela constitue une histoire, traversée par un ordre et une continuité. J'affirme une confiance pleine de sens. *L'amour rend le sens visible. J'ai foi en son pouvoir.*

Je contemple ma ligne de vie avec chacun de ses tournants.

Je remarque les messages qui m'ont limité ou étendu, comme « N'y va pas » ou « Ne va pas si loin ».

Je vois les forces affligeantes et adjuvantes, mortelles et immortelles, qui ont encouragé ou réprimé ma vivante énergie.

Je me rappelle mes chagrins et la manière dont j'en ai fait le deuil, mes dons et la manière dont je les ai reçus.

Où était mon effort et où était la grâce ?

Quels ont été mes événements marquants de destinée et d'éveil ?

Quelles crises et quelles relations ont été initiatrices ?

Quels endroits, quels travaux m'ont ouvert à de nouvelles dimensions en moi ?

Où ont été les opportunités de développer et de libérer mes dons pour le monde ?

Comment offrir mes remerciements ?

Comment ai-je accueilli ou désavoué mon ombre, mon côté sombre du moi boursouflé, et le brillant potentiel non dévoilé de mon Soi ?

Si je crois que la façon dont tourne chaque chose après que j'ai fait tout mon possible pour les réparer ou les changer révèle ma voie, quelle est ma voie dans l'immédiat ?

J'imagine la scène : tous les personnages sur la scène de ma vie font la révérence. Les méchants et les héros sont égaux à ce moment. Ils ont tous été nécessaires à l'intrigue et au dénouement. Ils ont tous joué leur rôle.

Je salue chacun avec compassion et gratitude, comprenant qu'ils ont été nécessaires pour que je devienne ce que je suis.

Je ne recherche que ce qui nous appartient toujours déjà à chacun de nous.

Et maintenant ?

ÉPILOGUE

L'histoire qui va suivre est une histoire hassidique. Elle m'a été racontée autrefois et m'accompagne depuis lors. Je la trouve si profonde que je continue de la méditer, avec l'impression de n'en avoir toujours pas fait le tour. Elle est pour moi un merveilleux et heureux récit de la synchronicité des questions religieuses, de la conscience spirituelle et de la puissance de l'énergie vivante.

À la fin du XIXe siècle, le jeune rabbin d'un village de fermiers polonais se sentait perdu face aux questions théologiques d'une inhabituelle profondeur que ne cessaient de lui poser les membres de sa congrégation. Bien qu'ils fussent de simples fermiers et éleveurs, ils ruminaient souvent des questions comme : Pourquoi y a-t-il de la souffrance et du mal en ce monde ? Pourquoi Dieu n'intervient-il pas pour sauver les innocents ? Pourquoi y a-t-il des pogroms ? Quelle est la signification ultime de la Pâque juive ? Que se passe-t-il après la mort ?

N'ayant pas été un étudiant particulièrement doué à la *yeshiva*, le pauvre rabbin ne pouvait guère leur répondre. Parfois, il avait même des difficultés à comprendre les questions. Alors, il se rappela son meilleur professeur, un très vieux et très sage rabbin. Il lui écrivit, pour lui demander de bien vouloir venir un soir, à la *shul*, répondre à toutes ces questions qui le laissaient perplexe. À son heureuse surprise, le grand rabbin accepta.

Un mois plus tard, la congrégation bruissait d'excitation : ses membres allaient enfin recevoir des réponses à leurs problèmes religieux, et ceux-ci les laisseraient en paix. Ils étaient assis dans la synagogue illuminée dans une attente et une attention ardentes lorsque le sage de Krakov, avec sa longue barbe blanche et ses épaules voûtées, pénétra dans le sanctuaire. Le vieil homme monta à la *bima* (le pupitre d'où on lit la Torah) où il se tint en silence. Après un moment de contemplation, il s'assit tranquillement sur une simple chaise en bois face à la congrégation. Sa voix était faible, mais dans le grand silence chacun l'entendit distinctement : « Je veux entendre vos questions, dit-il. J'y répondrai ensuite, non pas une par une, mais après les avoir toutes entendues. »

Les membres de la congrégation se levèrent un par un et posèrent leurs questions, en se demandant comment le rabbin, qui les écoutait certes attentivement, parviendrait à se les rappeler toutes. Quand tous ceux qui s'interrogeaient sur une énigme personnelle l'eurent présentée, le sage vieillard parcourut l'assistance des yeux et demanda s'il restait quelqu'un ayant une demande à formuler. Seul le silence lui répondit, le silence de ceux qui ont attendu longtemps la satisfaction et sont sur le point de l'obtenir. « Bien, murmura-t-il, je vais maintenant répondre à chaque question individuelle. » Les membres de la petite congrégation était sur des charbons ardents, le cou tendu, les yeux brillants fixés sur le vieux professeur, certains que leurs vieilles énigmes allaient enfin être éclaircies.

Le vieux rabbin les considéra avec attention et une grande bonté. Il se mit alors à fredonner un *niggun* local, une vieille chanson populaire. Les gens échangèrent des coups d'œil. Qu'est-ce que ça voulait dire ? Ce chantonnement était-il un prologue à sa réponse ? Est-ce qu'il s'ennuyait ? Mais sans s'expliquer, leur vieux guide continua à fredonner la chanson que tous connaissaient si bien.

Au bout d'un moment, les gens se mirent à fredonner avec le rabbin. Certains sortirent leurs violons et leurs flûtes, et se mirent à jouer doucement pour accompagner le vieil homme. Ils ne tardèrent pas à se mettre à danser et à se trémousser, et la soirée devint une fête pleine de rires et de joie. Le rabbin restait assis sur son siège, souriant et tapant du pied en cadence, sans cesser de chantonner.

Lorsque la fatigue les gagna, ils commencèrent à se détendre et retombèrent dans le silence. Ils se tournèrent vers le rabbin d'un air interrogateur. Allait-il à présent répondre à leurs questions ? Le vieil homme se leva alors : « J'ai maintenant pleinement répondu à toutes vos questions », annonça-t-il. Et, après s'être incliné devant eux et devant la Torah, il s'en fut.

« Un niggun est un chant qui s'écoule en quête de la fin qu'il ne peut atteindre. »

Abraham Joshua HESCHEL

« Une harmonie pareille existe dans les âmes immortelles. »

William SHAKESPEARE, *Le Marchand de Venise*

TABLE

INTRODUCTION 9

CHAPITRE PREMIER. **Un moment devient un élan** ... 17

Qu'est-ce que la synchronicité ? 17
Comment surviennent les synchronicités 21
Des histoires qui révèlent la synchronicité 26
Apprendre à pratiquer l'ouverture à la synchronicité 32

CHAPITRE II. **Comment la synchronicité nous touche** 41

Les expériences et les événements qui nous ont amenés ici 46
Un côté obscur 51
Pratiquer un esprit de débutant 53
Synchronicité et amour en miroir 55
Des histoires révélatrices 60

CHAPITRE III. **Notre moi et ses coïncidences** 67

Pratiquer l'abandon de notre moi 73
Perdre / sauver la face 77
Le moi/ le Soi en un coup d'œil 81
Faire des choix libérés du moi 82
Une simple coïncidence : le moi filou 85
Un protocole pour les visites du filou 90

CHAPITRE IV. Notre temps et notre espace 95
Un seul monde 95
Le temps qu'il faut 102
L'art de connaître notre timing 107
L'étreinte de l'effort et de la grâce 111
Quand le moment est vraiment mal choisi 118
Pratiquer dans le temps 121

CHAPITRE V. Destin ou destinée ? 125
Notre destinée accomplie 125
Comment savoir ce que nous voulons 132
Histoire d'un destin 136
Pas de place pour le hasard 138
De plusieurs façons de prédire l'avenir 141

CHAPITRE VI. Situations et crises 147
Les données de la vie humaine 147
Ce qui nous arrive est une aide 155
Se servir des outils 159
Crise 166
Plonger 171
Une pratique consciente 173
Des guides qui viennent nous faire signe 179
Remarquer les forces adjuvantes 186

CHAPITRE VII. Rêve et synchronicité 189
Se rappeler ses rêves et apprendre d'eux 195
Les rêves récurrents 201
Les rêves archétypaux 202
Travail du rêve et imagination active 206
Le soin et l'attention aux rêves 207

CHAPITRE VIII. Synchronicité et spiritualité 211
Rendre l'amour concret 219
Comment rester et voir 219
Travailler dans l'espace 228
Prêts pour la naissance 234
Affirmer et dédier 236

ÉPILOGUE 241

Composition et mise en pages : Facompo, Lisieux

Achevé d'imprimer en octobre 2014
par CPI (Barcelona)

Dépôt légal : novembre 2014

Imprimé en Espagne